新时代新理念职业教育教材·铁道运输系列

高速铁路概论

主　编　张　轶　张　钦　周培勇
副主编　嵇昊威　邓国洪　田青青　章博群

北京交通大学出版社
·北京·

内 容 简 介

本书系统全面、简明扼要地介绍了高速铁路基本知识和安全常识,采用模块化、案例教学的方式,使用作者探访过的全国近 50 条高速铁路、300 多座高速铁路车站的一手图片素材,形成原创教学案例。

本书主要内容包括:高速铁路概况、高速铁路线路与桥梁隧道、高速铁路动车组、高速铁路牵引供电、高速铁路车站与枢纽、高速铁路信号与通信、高速铁路运输组织。

本书可作为交通运输类本科、高职、中职专业基础课教材,也可作为铁路职工入职和继续教育的培训教材,还可作为普及高速铁路知识的科普图书。

版权所有,侵权必究。

图书在版编目(CIP)数据

高速铁路概论 / 张轶,张钦,周培勇主编. -- 北京 : 北京交通大学出版社, 2025.3.
ISBN 978-7-5121-5443-8

Ⅰ. U238

中国国家版本馆 CIP 数据核字第 20250VH090 号

高速铁路概论
GAOSU TIELU GAILUN

策划编辑:张 亮	责任编辑:陈可亮
出版发行:北京交通大学出版社	电话:010-51686414 http://www.bjtup.com.cn
地　　址:北京市海淀区高梁桥斜街 44 号	邮编:100044
印 刷 者:北京鑫海金澳胶印有限公司	
经　　销:全国新华书店	
开　　本:185 mm×260 mm　　印张:9.5　　字数:233 千字	
版 印 次:2025 年 3 月第 1 版　2025 年 3 月第 1 次印刷	
印　　数:1~1 500 册　　定价:39.00 元	

本书如有质量问题,请向北京交通大学出版社质监组反映。对您的意见和批评,我们表示欢迎和感谢。
投诉电话:010-51686043,51686008;传真:010-62225406;E-mail:press@bjtu.edu.cn。

前　言

经过多年的科学研究和工程实践，我国构建了完备的高速铁路技术体系，总体技术水平迈入世界先进行列，达到世界领先水平，并向世界输出高速铁路技术与运营服务。目前，高速铁路人才培养需求，从"量变"转向"质变"，如何把日新月异的高速铁路技术传授给学习者，是目前高速铁路课程的难题。

本教材是作者搜集的全国近 50 条高速铁路、300 多座高速铁路车站的一手教学案例的结晶，是在教学实践中不断探索、创新而编写成的。相比市面同类教材，本教材力争通俗易懂，在以下方面进行了大胆突破。

1. 生活化、实用化的知识与技能

本教材以介绍高速铁路基本知识、基本技能、基础安全常识为核心，摒弃了过于高深、复杂的内容，选取学习者能看得见、听得到、摸得着的内容，以及在生活中有用的、对终身职业发展有用的铁路知识与技能，力争"接地气"，引发共鸣。

2. 直观的一手资料

作者选取考察过的真实案例，使用了大量原创素材，力争使学习者能够直观地、全景式地了解高速铁路基本知识与基本技能，留下较强的感性认识，再进行理性认识的升华。

3. 融入铁路文化

近年来，铁路文化，尤其是铁路收藏，在行业内外得到高度重视。作者联系了铁路文化专家，选取了典型铁路文化案例，将铁路文化有机地融入课程、融入教材，达到课程思政的效果。

4. 与时俱进的学习案例

高速铁路技术迅猛发展、日新月异，在编写过程中，作者不断考察高速铁路最新技术、

最新产品，将其编入教材，充分贯彻"三新"教材编写理念。

5. 探究性的学习方式

本教材摒弃了传统的简单问答式的课后练习题，以具有探究性的问题结合学习者亲身体验，启发学习者更深层次的思考。建议在教学过程中，以分组讨论、PPT 汇报、制作电子或纸质报刊、辩论会等形式，取代传统的问答式作业，以过程性评价取代传统的结果性评价。

本书由中国铁路南昌局集团有限公司南昌车辆段的张轶、张钦、周培勇任主编，南京铁道职业技术学院嵇昊威及中国铁路南昌局集团有限公司南昌车辆段的邓国洪、田青青、章博群任副主编，中国铁路南昌局集团有限公司南昌车辆段的邱玥、王丹参与编写。具体编写分工如下：张轶编写模块 3，张钦编写模块 2，周培勇编写模块 5，邓国洪编写模块 6，田青青编写模块 7，章博群编写模块 4，邱玥、王丹编写模块 1，全书由张轶、嵇昊威统稿。

由于铁路知识与技术涉及面很广，而我们的学识有限，错误与遗漏之处在所难免，恳请专家读者批评、指正。

编　者

2024 年 12 月

目　　录

模块 1　高速铁路概况 ·· 1

　　任务 1.1　认知建设高速铁路的意义 ·· 2
　　任务 1.2　认知世界高速铁路发展 ·· 6
　　任务 1.3　认知中国高速铁路发展 ·· 7
　　思考题 ··· 9

模块 2　高速铁路线路与桥梁隧道 ·· 10

　　任务 2.1　认知高速铁路平面与纵断面 ·· 10
　　任务 2.2　认知高速铁路轨道 ··· 13
　　任务 2.3　认知高速铁路桥梁与隧道 ·· 21
　　思考题 ·· 32

模块 3　高速铁路动车组 ·· 33

　　任务 3.1　认知中国主要动车组 ··· 33
　　任务 3.2　认知中国主要动车组编号规则 ·· 46
　　任务 3.3　认知高速综合检测列车 ·· 47
　　任务 3.4　认知动车组技术特点 ··· 56
　　任务 3.5　认知动车运用所 ··· 65
　　任务 3.6　认知动车组运用交路与检修 ·· 67
　　思考题 ·· 74

模块 4　高速铁路牵引供电 ·· 75

　　任务 4.1　认知铁路牵引供电系统 ·· 76
　　任务 4.2　认知高速铁路牵引供电系统特点 ··· 78
　　任务 4.3　认知电气化铁路安全事项 ·· 85
　　思考题 ·· 86

模块 5　高速铁路车站与枢纽 ·· 87

　　任务 5.1　认知高速铁路车站类型 ·· 87
　　任务 5.2　认知高速铁路车站线路 ·· 89

I

任务 5.3	认知高速铁路车站选址	95
任务 5.4	认知高速铁路车站结构	96
任务 5.5	认知高速铁路枢纽	101
思考题		107

模块 6　高速铁路信号与通信 ··········· 108

任务 6.1	认知高速铁路信号系统	109
任务 6.2	认知高速铁路信号特点	117
任务 6.3	认知中国高速铁路通信系统	124
思考题		127

模块 7　高速铁路运输组织 ··········· 128

任务 7.1	认知高速铁路车次编排规则	128
任务 7.2	认知高速铁路运行图	130
任务 7.3	认知高速铁路旅客服务系统	131
任务 7.4	认知高速铁路便捷乘车	138
思考题		142

参考文献 ··········· 143

模块 1　高速铁路概况

教学导航

学习目标	1. 必备的知识、技能 （1）学习者能够了解高速铁路的概念； （2）学习者能够了解高速铁路建设的目的； （3）学习者能够了解世界高速铁路的发展历程； （4）学习者能够了解中国高速铁路的发展历程； （5）学习者尝试发现自己家乡或者熟悉地方的高速铁路建设和运营过程。 2. 良好的职业素养 （1）学习者能够感受高速铁路在国民经济中的重要作用，感受到自己成为未来交通运输业的一员需要担负的责任； （2）学习者能够主动探究身边的高速铁路发展状况。
计划学时	2 学时
学习要求	按照学习目标，通过课前思考与讨论、课堂学习、课后回顾与拓展实践，完成相应的学习内容。

课前思考与讨论

1. 为什么要建设高速铁路？
2. 面对智能化不断推进的高速铁路，有哪些新的知识需要了解？

高速铁路在不同国家和地区有着不同的定义。中国《高速铁路设计规范》（TB 10621—2014）对高速铁路的定义为：新建设计速度为 250～350 km/h、运行动车组列车的标准轨距客运专线铁路，设计速度分为 250 km/h、300 km/h、350 km/h 三级。

日本将列车在主要区间能以 200 km/h 以上速度运行的干线铁路称为高速铁路。1985 年联合国欧经会在日内瓦签署的《国际铁路干线协议》规定，新建客运专线运行速度应达到 300 km/h，新建客货共线线路运行速度应达到 250 km/h。

欧洲铁路联盟于 1996 年 9 月发布的互通运营指导文件（96/0048/EC）对高速铁路有了更确切的规定：新建铁路运行速度达到或超过 250 km/h；既有线通过改造使基础设施适应速度 200 km/h（世界铁路既有线提速目标值）；线路能够适应列车高速行驶，在某些地形困难、山区或城市环境下，速度可以根据实际情况进行调整。

自 1964 年世界第一条高速铁路在日本开通运营以来，全世界的高速铁路，甚至普速铁路和城市轨道交通都迎来了一轮发展的高潮。虽然高速铁路在不同国家和地区有着不同的定义，但是建设高速铁路的意义却是十分明确的。

任务 1.1　认知建设高速铁路的意义

国内外高速铁路运营的实际情况表明，高速铁路建成运营后，会对沿线地区的产业发展和城镇化进程带来深刻影响。尽管中国高速铁路的运营时间还比较短，但高铁效应已明显显现，对沿线产业带和城市现代服务业的培育，以及沿线地区人口流动速度提升和人口聚集，均具有重要促进作用。

1. 建设高速铁路显著缩短时空距离

中国东南、东北和中西部山区的铁路，很多修建于 20 世纪 90 年代之前，由于当时科学技术并不发达，因此铁路建设标准低，列车运行速度慢。

最典型的当属山西省。山西省距首都北京并不远，从太原到北京的直线距离仅有 400 km 左右，旅客通过铁路去北京有 3 条路线，分别是石太—京广线（运输里程 508 km）、北同蒲—京原线（运输里程 561 km），北同蒲—京包—丰沙线（运输里程 729 km）。然而这 3 条铁路线技术等级低，列车限速低，尤其是石太线，220 km 运输里程最快的列车耗时 4.5 h。从太原经这 3 条线（路线）进京，最快的旅客列车分别需要 8 h、10.5 h、13.5 h，往返北京出差，至少需要 3 天时间。晋中南地区旅客通过铁路进京的时间则更长。而且，山西省每日可开行的进京列车数量不到 10 对，这些列车常年票额紧张，很多旅客只能选择在石家庄或者大同中转，或者改乘其他交通工具。

2009 年，石太客运专线建成运营，石家庄到太原的旅客列车运行时间由原来的 4.5 h 缩短到 1.5 h，旅客乘坐动车组列车从太原到北京只要 3～4 h，可做到进京办事当天或者次日回程。2014 年，大西高铁太西段开通运营，旅客乘坐高速铁路列车从晋中南地区到北京只需 6 h，仅为原来乘坐普速铁路列车出行时间的 1/3。

另一个例子是福建。早在 1957 年，福建就建成了鹰厦铁路。随后，漳泉、外福、漳龙、横南等铁路陆续建成通车，但是福建地区山高坡陡，且这些铁路大多为战备而建，线路标准低，曲线半径小，线路基础差，大多数路段限速低于 80 km/h。从厦门到鹰潭 700 km，最快的列车也需要 12 h 以上才能到达；厦门到南昌 830 km，列车运行时间超过 15 h，最慢的超过 24 h；福州到鹰潭 470 km，列车运行时间 8 h；福州到南昌 600 km，列车运行时间 12 h。为改善福建地区的交通条件，2001 年，以国家Ⅰ级、120 km/h 标准建设的赣龙铁路开工，并于 2005 年通车。赣龙铁路成为福建地区第三条出省通道，厦门到南昌旅客列车运行时间减少 5 h 以上，在一定程度上缓解了福建地区铁路运输压力，但是仍然满足不了该地区的客货运输需求。

2009 年，杭深线温福段开通运营，标志着福建地区进入高速铁路时代。随后杭深线福厦段、杭深线厦漳段、龙漳线、昌福线、杭深线漳深段、合福客运专线、赣龙快速线等高速铁路陆续建成营业。福建到内地的铁路旅行时间得到大幅度的压缩，从厦门到南昌，经杭深、昌福线，运营里程缩短至 700 km，动车组最快只要 4.5 h，直达特快最快只要 6 h。从福州到南昌，经昌福线，动车组最快仅需 3.5 h，特快列车仅需 6 h；经由合福客运专线转沪昆高速铁路，最快只需 3 h。

高速铁路有效地缩短了时空距离，加快了客流的周转，拉动了城市之间、城乡之间、区域之间的经济联系，带动了客流、物流、资金流由经济发达地区向欠发达地区转移，缩小了城乡间、区域间的经济差距，推动了经济社会均衡发展。

2. 建设高速铁路可实现"客货分线"，缓解运输压力

当前社会，人们普遍认为高速铁路仅仅是为了让旅客出行更加方便，但是建设高速铁路的目的不仅仅在于此。进入21世纪，在中国东部地区，大多数干线铁路已经提速到160 km/h，部分区段甚至达到200～250 km/h。但是这些干线铁路动车组、普速客车、货车混行，不同等级的列车速度差异巨大，这对低等级旅客列车和货物列车的运行带来严重干扰。

以京沪铁路沪宁段（Ⅰ级、双线、电气化）为例，该路段运行动车组、直达特快、特快、快速（普通）等旅客列车和货物列车，运行速度分别为200～250 km/h、160 km/h、140 km/h、120 km/h、70～80 km/h。由于大量开行动车组、直达特快、特快等高等级旅客列车，快速等低等级旅客列车频繁避让，造成上海到南京大多数快速及以下等级的旅客列车运行时间普遍延长至5 h以上，最慢的旅客列车运行时间长达7 h 40 min。而在新中国成立前，作为单线、牵引方式为蒸汽机车，最高运行速度在80～100 km/h的沪宁铁路，上海到南京最快的旅客列车仅需6 h，大多数旅客列车也仅需8～10 h。

此外，由于大量开行高等级客车，京沪线沪宁段可开行的货物列车在10对左右。大量货物被迫改经新长铁路和华东二通道（由阜淮—淮南—宁芜—皖赣—宣杭等铁路构成），或改由其他方式运输，这给长三角地区货物运输带来严重的影响。

> **延伸阅读** 列车运行等级顺序是如何确定的？
>
> 《铁路技术管理规程》（普速铁路部分）第233条规定，列车运行等级顺序为：
> （1）动车组列车；
> （2）特快旅客列车；
> （3）特快货物班列；
> （4）快速旅客列车；
> （5）普通旅客列车；
> （6）军用列车；
> （7）货物列车；
> （8）路用列车。
> 开往事故现场救援、抢修、抢救的列车，应优先办理。
> 特殊指定的列车或列车种类，其等级应在指定时确定。

2010年7月1日，沪宁高速铁路开通运营，共安排动车组旅客列车120对，其中运行速度为300～350 km/h的动车组列车98对，运行速度为200～250 km/h的动车组列车22对，既有京沪线沪宁段仅保留18对动车组，包括部分长途动车组和京沪间夕发朝至动车组。京沪线沪宁段可开行的货物列车数量增加至40对，最慢的旅客列车运行时间也压缩至6 h 46 min。2011年，京沪高速铁路开通运营，运行在京沪线沪宁段剩余的动车组列车转移至京沪高速铁路运行或停运，部分与京沪高速铁路同方向的普速旅客列车停运。这明显降低了京沪线高等级旅客列车对低等级旅客列车的影响，低等级旅客列车运行速度得到提高，运行时间得到压

缩，货物运输能力进一步得到提高。类似的还有京广铁路北京—郑州段、陇海铁路郑州—徐州段、胶济铁路，等等。

高速铁路的开通，加快实现了客货分线运输，有效缓解了运输紧张的状况，释放了普速铁路的运能，有效缓解了货运能力紧张的状况，全社会物流周转明显加快，运输成本有效降低。

3. 建设高速铁路有效地推动了制造业、旅游业等相关产业的发展

建设运营高速铁路，需要冶金、机械、建筑、橡胶、电力、信息、计算机、精密仪器等上游产业的紧密配合。例如动车组制造，就需要零部件生产设计核心层企业近100家、紧密层企业500余家进行配合，这些企业覆盖20多个省市，形成了一个庞大的高新技术研发制造产业链，不仅提供了诸多就业岗位，而且极大地推动了产业结构升级（见图1-1）。

图1-1　上海国际轨道交通展会现场

高速铁路不仅推动了制造业的发展，还推动了旅游业的发展，通过缩短旅客在路上"旅"的时间，从而扩大在景区"游"的时间，让旅客在有限的时间内获得更充分的旅游体验。此外，还为空余时间较少的"上班族"提供了更多选择，丰富了小长假的旅游行程，改变了短假期的省市周边游，使跨省跨地域旅游成为可能。素有"最美高铁"之称的合福高铁，沿途城市规模较小，但是旅游景区众多，建设时就受到极大的关注。沿线各地与铁路运营单位高度重视旅游服务工作，多个车站建设配套的旅游服务中心。合福高铁开通运营后，客流增长迅猛，列车客座率超过90%。合福高铁开通后的当年7月份，上饶市主要景区共接待游客277.02万人次，同比增长51.9%，门票收入9 939.85万元，同比增长42.8%，综合收入18.7亿元，同比增长47.6%；黄山市28家4A以上景区共接待游客201万人次，同比增长15%。其中，黄山景区接待游客37.7万人次，同比增长9.5%，宏村景区接待福建游客量增幅高达188%。

高速铁路开通后，普速铁路的客运能力得到释放，服务水平得到提升，一些满足新型个性化旅游方式和需求的出行服务逐步涌现。例如普速全卧铺旅游专列，其运行速度为80~120 km/h，可在非客流高峰期大量开行，这类旅游专列面向已退休或临退休的老年人，他们是国内游客的重要组成部分之一，是错峰、淡季出游的主力军。这样的"慢游"旅游专列深受广大老年人的青睐。

> 课程思政与
> 铁路文化

"南湖·1921"红色旅游列车

2021年6月底,为纪念中国共产党成立100周年,让乘客感受中共一大代表在复杂的环境下乘坐火车从上海到嘉兴,成功完成建党大业的历史,中国铁路上海局集团有限公司精心改造了一列25G型旅客列车,开行Y701/2次"南湖·1921"红色旅游列车。该车内部应用复古装饰元素,外部以红、金、绿为配色,整车兼具红色文化元素和20世纪20年代古朴风格。其中两节车厢被打造成移动的历史展览馆,通过大量实物和图片,真实展现中共一大时期的历史。此外,车内设有"火车邮局""党史学习角"等功能区域,还设有"列车微课堂",乘客可扫码观看《青马课堂》等短视频课程,让列车真正成为流动的实景党课教室(见图1-2)。

(a) 列车外观

(b) 列车车内

图1-2 "南湖·1921"红色旅游列车

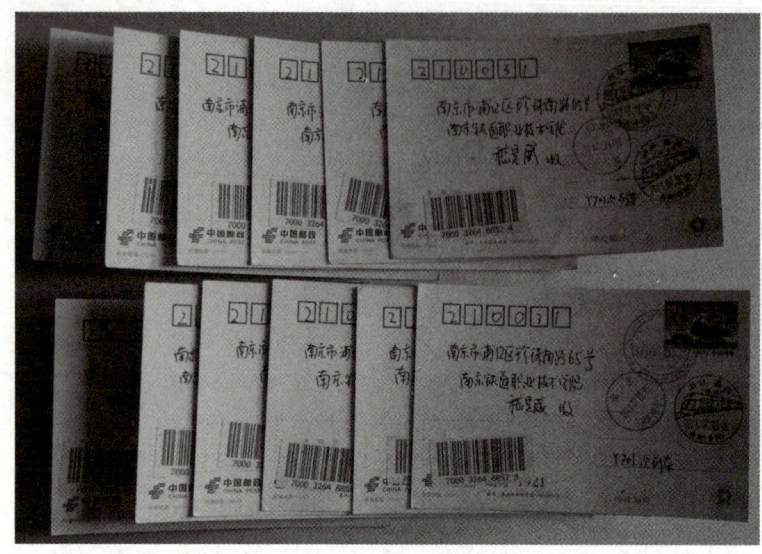

(c) 作者在该车寄发的明信片

图 1-2 "南湖·1921" 红色旅游列车（续）

旅游列车的概念

旅游列车指的是为团体或散客在旅游过程中提供运输和观光服务的旅客列车，车次以"Y"表示。目前，国铁开行的旅游列车有两类：

第一类是对外公开售票，为散客服务的旅游列车，旅客可购买车票乘坐。例如上文提到的 Y701/2 次。

第二类是由旅行社申请，由国铁集团下达调度令，为团体游客提供运输服务的旅游列车。这类旅游列车不对外发售车票，而是由铁路部门对旅行社发售团体车票。此类旅游列车既有经过精心装修的豪华客车，也有一般的客车甚至非空调"绿皮车"。

任务 1.2　认知世界高速铁路发展

铁路自 1825 年在英国诞生起，就为推动世界文明的进步作出了巨大贡献。铁路技术在工业革命中不断进步。二战时期，英国尝试使用蒸汽机车将列车速度提高到 202.8 km/h，德国使用内燃机车牵引列车将速度提高到 215 km/h。1955 年，法国创造了电力机车牵引列车 331 km/h 的世界速度纪录。也是二战之后，由于汽车工业的发展和公路网的普及，西方很多国家的铁路产业一蹶不振。很多铁路公司倒闭，铁轨被拆除，无论是国家铁路还是城市轨道交通，发展都较为缓慢，甚至衰退。

而在日本，由于山地多、平原少、人口多、可利用的土地面积少，其铁路多为轨距仅为 1 067 mm 的窄轨，大多数线路限速小于 100 km/h。二战结束后，日本经济迅速恢复，持续高速增长。京滨、中京、阪神地区工商和流通业尤其发达。但是，受到地形限制，日本公路、港口建设缓慢，铁路运输能力十分紧张。连接京滨、中京、阪神地区的东海道本线，虽只占日本铁路总长度的 3%，却承担着全国客运总量的 24% 和货运总量的 23%。1957 年，日本提出"利用大约 5 年时间,建设现代化宽轨独立线路"。然而日本不少专家学者却认为日本和西方国家一样,铁路是落后于时代的运输手段,是"夕阳产业"。日本国有铁路公司在得到充分调查研究和前期提速试验的基础上,于1959年开展新干线建设工作,经过 5 年的艰苦努力,世界第一条高速铁路——日本东海道新干线,于 1964 年 10 月 1 日隆重开通运营。该高速铁路线路连接东京、大阪两大经济区,最高速度达到 210 km/h,东京到大阪的旅客列车运行时间由原来最快 6 h 缩短至 3 h。东海道新干线的运营,不仅极大推动了日本战后的发展,也成为世界高速铁路发展的开端,成为世界铁路产业复苏和崛起的推动者。

根据世界高速铁路发展的技术特点、范围和规模,可分为探索初创阶段、扩大发展阶段、快速发展阶段。

1. 探索初创阶段(1964—1980 年)——日本一家独秀

相对于传统铁路,高速铁路在工务、车辆、牵引供电及通信信号等领域进行了重大革新。高速铁路发展尚处于探索阶段,没有既有的经验可借鉴,需要反复的论证和试验,而且从高速铁路发展成效显现到加快发展高速铁路形成共识,需要一定的过程。因此高速铁路发展缓慢,这一阶段近 20 年中,全世界只有日本先后于 1964 年和 1975 年建成了东海道新干线和山阳新干线,总里程 1 069 km。

2. 扩大发展阶段(1980—2000 年)——欧洲争建高铁

真正推动高速铁路发展乃至整个铁路产业发展的事件,当属 1970 年以来的西方石油危机。石油的供应紧缺,使得公路、航空等石化能源消耗大户发展趋缓,而铁路这种高效率、低能耗的运输方式重新得到重视。西方国家,尤其是欧洲国家,重新重视铁路运输。1981 年,法国第一条高速铁路 TGV 东南线开通,最高运营速度达到 270 km/h,突破了日本新干线保持的纪录。随后,德国、意大利、西班牙、比利时等欧洲国家先后开通高速铁路。加上日本,此阶段世界共新建高速铁路超过 3 000 km,是上一阶段新建高速铁路的 3 倍多。以德国、法国为代表,形成了各具特色的高速铁路技术体系和系列化产品。伴随着已建成高速铁路的成功运营,以及可持续发展理念逐步成为共识,高速铁路对经济社会可持续发展的重要作用日益显现。

3. 快速发展阶段(21 世纪起)——中国异军突起

进入 21 世纪,中国高速铁路快速崛起,短短数十年时间,中国已经成为世界上高速铁路系统技术最全、集成能力最强、运营里程最长、运行速度最高、在建规模最大的国家。中国高速铁路的快速发展,进一步推动了世界高速铁路发展,产生了巨大的示范作用。无论是美国、波兰、俄罗斯、土耳其等发达国家,还是阿根廷、巴西、伊朗、越南等发展中国家,都纷纷加入高速铁路发展行列。

任务 1.3　认知中国高速铁路发展

1. 萌芽阶段(1978—1998 年)

1978 年,改革开放初期,中国高速铁路建设启动。1991 年,连接广州与深圳的广深准高速铁路立项,1994 年开工,1998 年开通运营,广深准高速铁路旅客列车速度达到 160 km/h,个别区段达到 200 km/h。广深准高速铁路的开通,标志着中国铁路提速初见成效。

2. 探索阶段（1998—2008 年）

虽然广深准高速铁路将中国列车运行速度提升到 160 km/h，但是广深准高速铁路斥资 48 亿元，而当时中国财力有限，于是进行了既有铁路提速改造，这也成了 20 世纪 90 年代到 21 世纪初中国高速铁路的发展方针。这一阶段，经过六次大规模提速，京哈、京沪、京广、沪昆等中国东部平原地区主要干线铁路列车最高运行速度达到 200～250 km/h，大部分提速路段列车运行速度达到 160 km/h。这一时期，建设了用于开展高速铁路试验的秦沈客运专线；研制了 DF_{4D}、DF_{11}、SS_8、DF_{11G}、SS_{9G} 等牵引提速客车的机车和 25K、25T 等提速客车；研制了神州、新曙光、蓝剑、先锋、中华之星、中原之星等动车组列车；随后又引进消化吸收了国外动车组先进技术，制造了 CRH1、CRH2、CRH3、CRH5 等 250 km/h 级别动车组。

3. 起步阶段（2008—2012 年）

2008 年 4 月 18 日，中国第一条 250 km/h 级别的高速铁路——宁蓉铁路合宁段（三十里铺—永宁镇）开通运营。2008 年 8 月 1 日，中国第一条 350 km/h 级别的高速铁路——京津城际铁路开通运营。随后，石太、杭深、武广、郑西、沪宁城际等高速铁路陆续建成运营，以 CRH380A、CRH380B 系列为代表的 350 km/h 级别动车组研制成功并批量生产。信号、供电、旅客服务等技术日趋完善。2011 年 6 月 30 日，连接中国首都北京和重要经济中心上海的京沪高速铁路隆重开通。京沪高速铁路一次建设里程长，建设投资大，建设标准高。京沪高速铁路开通运营，标志着中国高速铁路从起步走向腾飞。

4. 腾飞阶段（2012 年起）

2012 年起，中国高速铁路建设进程加快，"四纵四横"高铁路网日趋完善，运营日趋成熟。2012 年 12 月 1 日，中国第一条高寒地区高速铁路——哈大高速铁路开通运营。2012 年末，京广高速铁路全线贯通，从北京到广州只需 8 h。2013 年，津秦高速铁路开通运营，东北高铁网络通过津秦高铁与其他地区高铁路网连接，首次尝试开行由哈尔滨西—上海虹桥的从高寒到亚热带的跨气候带高速动车组。2014 年，中国第一条干旱风沙气候区高速铁路——兰新客运专线开通运营。2023 年末，中国高速铁路营业里程达到 4.5 万 km，已经远远超过世界其他国家高速铁路营业里程之和。"四纵四横"高速铁路网已经形成，"八纵八横"高速铁路网初步呈现。

课程实践

实践内容	家乡的高速铁路发展历程
实践目标	1. 了解自己家乡高速铁路发展过程 2. 了解自己家乡高速铁路未来的规划建设
实践形式	运用多种手段呈现，如手抄报、黑板报、分组 PPT 汇报、制作短视频等
具体内容	1. 我家乡最初的铁路 2. 我家乡高速铁路的建设与运营 3. 我家乡高速铁路未来的发展动向 备注：若未开通高速铁路，也可用普速铁路替代。

学习评价

评价主体	评价对象	评价结果与亮点
自我评价	1. 知识评价：对所学内容是否了解 2. 技能评价：课程实践是否满足预期 3. 情感态度价值观评价：是否初步具备本模块内容所需要的职业素养	
其他学习者评价	1. 知识评价：对所学内容是否了解 2. 技能评价：课程实践是否满足预期 3. 情感态度价值观评价：是否初步具备本模块内容所需要的职业素养	
教师评价	1. 知识评价：对所学内容是否了解 2. 技能评价：课程实践是否满足预期 3. 情感态度价值观评价：是否初步具备本模块内容所需要的职业素养	
企业导师评价	1. 知识评价：对所学内容是否了解 2. 技能评价：课程实践是否满足预期 3. 情感态度价值观评价：是否初步具备本模块内容所需要的职业素养	

思 考 题

（1）结合自己乘车的经历，谈谈修建高速铁路的必要性。
（2）结合自己亲历或者身边的案例，谈谈今后如何更好地为高速铁路建设与运营服务。
（3）了解为团体游客服务的旅游列车开行申请流程。
（4）世界铁路发展经历了哪几个阶段？每个阶段又有什么特征？
（5）世界高速铁路发展经历了哪几个阶段？每个阶段又有什么特征？
（6）中国铁路发展经历了哪几个阶段？每个阶段又有什么特征？
（7）中国高速铁路发展经历了哪几个阶段？每个阶段又有什么特征？

模块 2　高速铁路线路与桥梁隧道

> **教学导航**

学习目标	1. 必备的知识、技能 （1）学习者能够了解高速铁路建设的技术等级和标准； （2）学习者能够了解高速铁路的平面、纵断面与普速铁路的区别； （3）学习者能够了解高速铁路轨道与普速铁路的区别； （4）学习者能够了解高速铁路桥梁的种类与特点； （5）学习者能够了解高速铁路隧道的种类与特点； （6）学习者能够了解道岔的原理和组成； （7）学习者能够了解限界的概念； （8）学习者能够了解工务的日常工作及发展趋势，可亲身体验工务的工作。 2. 良好的职业素养 （1）学习者能够感受到铁路线路职工艰苦奋斗的精神； （2）学习者能够感受到中国铁路线路设备的提档升级，从而感受到社会主义建设的伟大成就； （3）学习者能够主动树立安全至上的意识。
计划学时	4～6 学时
学习要求	按照学习目标，通过课前思考与讨论、理论学习、实践学习、课后回顾与拓展，完成相应的学习内容，并注意个人安全。

> **课前思考与讨论**

1. 以你熟知的高速铁路为例，了解这条铁路投入运营所经历的各个环节。
2. 以你熟知的高速铁路为例，了解这条铁路有哪些典型的桥梁隧道，这些桥梁隧道使用了什么样的施工工艺。

为了使列车以更高的速度运行，高速铁路的线路要求有极高的平顺性，这就使得高速铁路的线路、桥梁、隧道与普速铁路有很大的区别。

任务 2.1　认知高速铁路平面与纵断面

为了使列车能够高速运行，高速铁路曲线半径有着严格的限制。根据《铁路技术管理规程》（高速铁路部分）规定，高速铁路最小曲线半径为 2 000 m，远远大于普速铁路曲线半径

（见表 2.1、表 2.2 及图 2.1、图 2.2）。

表 2-1　高速铁路区间线路最小曲线半径

路段设计行车速度/（km/h）		最小曲线半径/m	
200	客运专线	一般	2 200
		困难	2 000
250	有砟轨道	一般	3 500
		困难	3 000
	无砟轨道	一般	3 200
		困难	2 800
300	有砟轨道	一般	5 000
		困难	4 500
	无砟轨道	一般	5 000
		困难	4 000
350	有砟轨道	一般	7 000
		困难	6 000
	无砟轨道	一般	7 000
		困难	5 500

表 2-2　普速铁路区间线路最小曲线半径　　　　　　　　　　　　　　　　　单位：m

铁路等级	I			II	
路段设计行车速度/（km/h）	200	160	120	120	80
一般	3 500	2 000	1 200	1 200	600
困难	2 800	1 600	800	800	500

图 2-1　昆河线河口站
（半径为 100 m 的曲线，列车运行速度低于 40 km/h）

图 2-2　京沪高速铁路
（设计速度 350 km/h，最小半径为 7 000 m 的曲线）

由于高速铁路主要开行动车组，部分铁路开行普速客车，几乎没有高速铁路开行货车。相对于货车，动车组和使用 HX_D 系列牵引的普速客车重量较轻，动力较强，能够适应长大坡道运行。因此，高速铁路的限制坡度允许值要比普速铁路大（见表 2-3）。

表 2-3　普速铁路区间线路最大限制坡度　　　　　　　　　　　　　　单位：‰

铁路等级		Ⅰ		Ⅱ	
		一般	困难	一般	困难
牵引种类	电力	6.0	15.0	6.0	20.0
	内燃	6.0	12.0	6.0	15.0

高速铁路区间正线的最大坡度不宜大于 20‰，困难条件下经技术经济比较后不应大于 30‰。动车组走行线的最大坡度不宜大于 30‰，困难条件下不应大于 35‰。当动车组走行线的最大坡度大于 30‰时，宜铺设无砟轨道（见图 2-3）。

图 2-3　南京南动车运用所走行 B、C、F 线 35‰坡道

但是，坡道会对旅客列车运行速度带来一定影响。采用《新建时速 300～350 公里客运专线铁路设计暂行规定》中最大功率 21 120 kW 的概念车，分别按其最高运行速度进入 12‰、20‰、25‰、30‰的长大上坡道进行仿真运行试验，上述坡度最终保持匀速运行的速度分别为 294 km/h、262 km/h、240 km/h、214 km/h。CRH3 型动车组列车以 300 km/h 的速度进入最大坡度地段运行时，在上述坡度最终保持匀速运行的速度分别为 252 km/h、218 km/h、186 km/h、156 km/h，速度降低为最高速度的 84%、73%、62%、52%。而进入下坡路段，当坡道过大过长时，列车紧急制动的距离均不满足安全要求。为保证下坡时紧急制动距离的安全要求，需要对正常运行的列车限速运行。这会延长高速铁路列车的运行时间，一定程度上影响运输效率。所以，在建设高速铁路时，应尽量避免连续长大坡道。

任务 2.2　认知高速铁路轨道

为了确保列车能高速运行，高速铁路的轨道需要保持极高的精度和平顺性。高速铁路轨道结构从总体上分为两大类：有砟轨道和无砟轨道。国内外长期运营实践表明：两类轨道结构均可保证高速列车的安全运营，但两类轨道结构各有利弊。

1. 有砟轨道

传统的有砟轨道，建设成本低，维护难度小，后期调整较为方便（见图 2-4）。但是随着列车运行速度不断提升，有砟轨道道砟粉化及道床累积变形的速率随之加快，并且相比普速铁路，高速铁路有砟轨道后期维护工作量更大（见图 2-5）。此外，列车高速运行时所产生的强大的气流，有可能将道砟掀起砸坏列车或者砸伤路边行人，而造成事故。因此高速铁路如采用有砟轨道的形式，则须采用特级道砟，优化道床尺寸，铺设砟下胶垫、枕下胶垫等以满足高速行车对线路的高平顺性、稳定性要求。

图 2-4　传统的有砟轨道（仅能满足低速行车要求）

图 2-5　高速铁路有砟轨道

有砟轨道的优点：
（1）弹性良好。
（2）价格低廉。
（3）更换与维修方便。
（4）吸噪特性好。

有砟轨道的缺点：
（1）线路平面几何形状不易保持。
（2）使用寿命短。
（3）养护维修工作量大。

2. 无砟轨道

中国早在1960年就开始无砟轨道的研究工作。建于20世纪90年代的九江长江大桥，其引桥就采用了无砟无枕式轨道（见图2-6）。自1995年起，中国开始试验高速铁路无砟轨道结构，在秦沈客运专线、赣龙线枫树排隧道、渝怀线鱼嘴2号隧道试铺设无砟轨道。2004年，在遂渝线铺设了自主研发的无砟轨道试验段。2005年，铁道部从德国和日本引进了无砟轨道技术，并针对中国国情进行改进。目前，中国使用的无砟轨道类型主要有板式、块式和轨枕埋入式等（见图2-7）。

图2-6 九江长江大桥引桥
（采用无砟无枕式轨道）

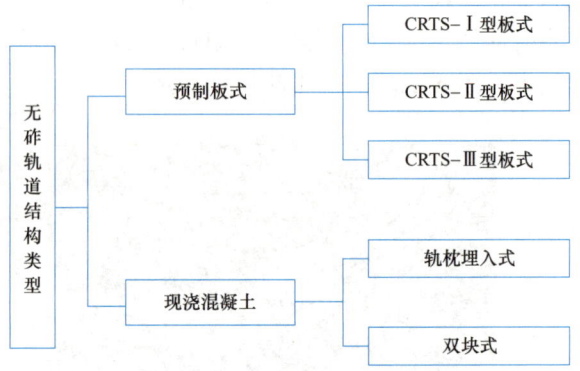

图2-7 中国高速铁路无砟轨道类型

CRTS-Ⅰ型板式无砟轨道技术源自日本，引入中国主要用于短距离城际铁路，如沪宁高速铁路、宁安客运专线（见图2-8）、广深港高速铁路、海南东环、哈齐客运专线等。中国首条高寒地区高速铁路——哈大高速铁路，也使用了该形式的无砟轨道。该轨道突出的特征是使用凸形挡台（见图2-9）。

图2-8 宁安客运专线CRTS-Ⅰ型板式无砟轨道

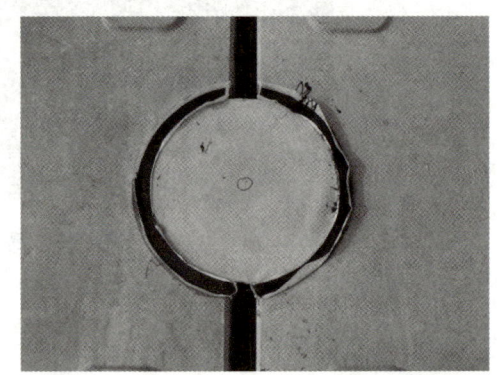

图2-9 CRTS-Ⅰ型板式无砟轨道的挡台

CRTS-Ⅱ型板式无砟轨道技术源自德国Bögl（博格），目前用于平原地区长距离高速铁路。

中国首条 350 km/h 高速铁路——京津城际铁路，以及连接东部两大经济区的京沪高速铁路均采用 CRTS-Ⅱ型板式无砟轨道（见图 2-10）。使用该形式无砟轨道的高速铁路还有京广高速铁路信阳东以北路段、沪昆高速铁路长沙南以东路段、宁杭高速铁路、杭深铁路杭州南庄桥段等。

CRTS-Ⅲ型板式无砟轨道是中国自主研发的板式无砟轨道。铁道部在 2009 年于成灌铁路试铺该型号板式无砟轨道并逐步推广至盘营、武黄、沈丹等短途高速铁路。CRTS-Ⅲ型板式无砟轨道通过有挡肩轨道板、自密实混凝土充填层、隔离层及减振型扣件等系统，保证轨道弹性和结构耐久性，特别对自密实混凝土的施工技术要求相当严格。在结构适应性、可修复性及施工性上兼顾了双块式、CRTS-Ⅰ型板式、CRTS-Ⅱ型板式无砟轨道的优点，技术更加先进。为了提高 CRTS-Ⅲ型板式无砟轨道技术成熟度，后来中国铁路总公司决定在设计速度 350 km/h 的徐兰高速铁路郑徐段（见图 2-11）、京沈高速铁路大规模使用 CRTS-Ⅲ型板式无砟轨道，并继续推广至其他长距离高速铁路。

图 2-10　京沪高速铁路
CRTS-Ⅱ型板式无砟轨道

图 2-11　徐兰高速铁路郑徐段
CRTS-Ⅲ型板式无砟轨道

埋入式轨枕，顾名思义就是将预制的轨枕埋入到混凝土道床中，使其与基础、道床形成一个整体，主要应用于道岔区段的无砟轨道（见图 2-12）。

双块式无砟轨道技术源自德国雷达（Rheda）型和旭普林（Züblin）型无砟轨道。由于双块式无砟轨道为现场铺设，在工厂仅预制重量相对较轻的块式轨枕，运输工作较为简便。因此在中国，双块式无砟轨道主要用于运输较为不便的山区高速铁路正线（见图 2-13）。此外，

图 2-12　宁安城际铁路江宁西站
轨枕埋入式无砟轨道

图 2-13　合福客运专线双块式无砟轨道

双块式无砟轨道还适用于板式无砟轨道的车站内靠近正线的到发线,以及埋入式轨枕、有砟轨道与板式无砟轨道的过渡段。一些以有砟轨道为主的高速铁路,其长大隧道内铺设的无砟轨道也采用双块式。

无砟轨道的优点:
(1)线路静态、动态平顺性高(见图2-14)。
(2)线路维修工作量大幅减少。
(3)耐久性好,服务期长。
(4)能提供较大的纵、横向阻力,线路稳定性高。
(5)避免了特级道砟资源的使用及高速条件下的道砟飞溅。
(6)自重轻,可减小桥梁的二期恒载。
(7)结构高度低,可改善高速铁路隧道的通风条件。

图2-14 京沪高速铁路无砟轨道(钢轨平顺度很高)

无砟轨道的缺点:
(1)结构本身的初期工程投资要大于有砟轨道。
(2)高低调整能力有限(主要通过扣件系统),在路基沉降及其他特殊情况下,轨道结构破损后的修复和整治较为困难。
(3)道床面相对平滑,轮轨噪声相对较大。
(4)在钢结构桥体需要铺设有砟轨道,以防钢结构热胀冷缩而使无砟轨道变形。目前该问题已经得到一定程度的解决。京张高铁官厅水库特大桥、济郑高铁郑州万滩黄河公铁大桥均使用了钢结构桥体,铺设无砟轨道。

拓展阅读

城市轨道交通无砟轨道

相比高速铁路,城市轨道交通的无砟轨道类型更加丰富。除了类似高速铁路的板式、块式、埋入式轨枕外,还有纵向轨枕(类似于九江长江大桥引桥的无砟无枕式轨道)、梯形轨枕(见图2-15)、浮置板道床、钢弹簧道床(见图2-16)等。这是因为城市轨道交通曲线半径更小,并且对减少振动和降低噪声有更高的要求。

图 2-15　梯形轨枕（南京地铁 S3 线）

图 2-16　钢弹簧浮置板道床隔振系统

聚氨酯固化道床

聚氨酯材料是一类在高分子结构主链上含有氨酯基的聚合物，为由低聚物多元醇构成柔性软段，由二异氰酸酯与小分子多元醇、多元胺等构成刚性硬段的嵌段聚合物。硬段与软段的微相分离结构，使聚氨酯材料具有优异的耐磨、耐疲劳、减振和耐低温性。聚氨酯固化道床是在已经达到稳定的道床内，浇注由异氰酸酯与多元醇等组成的混合料，并在道砟间完成发泡、膨胀和凝固，使泡沫状聚氨酯弹性材料挤满道砟间的空隙，并牢固粘结道砟颗粒，形成弹性整体道床结构（见图 2-17）。聚氨酯固化道床是兼具有砟轨道和无砟轨道优点的一种新型轨道结构，具有良好的弹性、整体性和稳定性；能避免道砟间的错动移位，可持久保持道床弹性；道床的累积变形缓慢，养护维修工作量少；具有良好的协调变形能力；具有良好的减振、降噪功能；可维修性好等。

图 2-17　聚氨酯固化道床浇注系统

自 2009 年起，中国分别在客货共线铁路、重载铁路、高速铁路开展聚氨酯固化道床试验。截至 2017 年，共铺设 6 686 m。从测试情况来看，聚氨酯固化道床区段脱轨系数、减载率、轮轨横向力均在安全限值内，且有较大的安全余量，能够满足列车运行安全性和稳定性要求；从道床养护维修情况看，聚氨酯固化道床地段的轨道平顺性良好，累积变形小，无须维修或只须进行少量的扣件调高作业，避免了有砟轨道频繁的维修作业，减少了线路养护维修对运营的干扰。

但是聚氨酯整体透水性差，需进行专门的排水设计。此外，目前聚氨酯固化道床在国内的应用较少，固化道床所用聚氨酯材料和聚氨酯固化道床烘干冷却及浇注设备不能批量生产，导致聚氨酯固化道床工程造价偏高。随着配套设备和材料进入国产化批量生产模式后，聚氨酯固化道床在中国铁路建设中具有较好的应用前景。

3. 无缝钢轨与可动心轨道岔

为保证列车高速平稳运行，消除钢轨轨缝，除了使用无砟轨道，还需要使用无缝钢轨、可动心轨道岔以保证钢轨的平顺度。

根据《铁路技术管理规程》（高速铁路部分）第43条规定，正线及到发线轨道应采用一次铺设跨区间无缝线路，正线钢轨应采用100 m长定尺的60 kg/m钢轨。无缝钢轨先要在焊轨车间将短钢轨焊接成500 m一根的钢轨，然后使用长轨车运送至高速铁路施工现场（见图2-18），再采用闪光焊轨等先进的技术连接成跨区间无缝钢轨（见图2-19）。闪光焊是将钢轨压紧于两电极之间，并施以强电流，利用电流流经钢轨接触面及邻近区域产生的电阻热效应，将其加热到熔化或塑性状态，形成闪光，最后借助顶锻压力，从而形成稳固的焊接接头（见图2-20）。此外还有气压焊接。气压焊接是利用氧-乙炔火焰、感应热源等外部对两紧贴待焊面进行加热，使其达到塑性状态，通过端面金属原子间的相互扩散然后对两端面施加适当的顶锻压力，使两端的原子距离足以形成金属键，完成再结晶过程，以达到焊接的目的（见图2-21）。对于道岔区段，可使用传统的铝热反应进行焊接。

图2-18 京沪高速铁路施工时，长轨车运送钢轨
注：由于高速铁路坡道较大且长轨车较重，
长轨车使用双机DF_4牵引。

图2-19 高速铁路焊接好的钢轨焊头

图2-20 YHG-1200K型移动闪光焊轨车

图2-21 YHGQ-1200K型气压式
无缝钢轨焊接车

对于有砟轨道，在无缝钢轨铺设完成后，需要进行捣固作业。目前使用有砟轨道的客运

专线使用捣固机，对轨道进行自动抄平、起拨道、道砟捣固作业，提高道床有砟的密实度，增加轨道的水平稳定性，消除轨道的方向偏差，以及左、右水平偏差和前高低、后高低偏差，使轨道线路达到线路设计标准和线路维修规则的要求，保证列车的安全运行（见图 2-22）。

对于无砟轨道，原有的各种铺设钢轨设备已不能满足铺设无砟轨道跨区间无缝钢轨的需要。铺设无缝钢轨时需要无砟铺轨机配合。无砟铺轨机由钢轨牵引车（见图 2-23）、钢轨推送车及钢轨运输车组三大部分组成。钢轨牵引车主要起钢轨铺设导向和提供部分牵引力作用，钢轨推送车主要完成分轨、推送等动作，钢轨运输车负责组装载、运送钢轨。

图 2-22　CDC-16 型捣固机在南京南站宁蓉线（有砟轨道，设计速度 250 km/h）进行线路建设时的捣固作业

图 2-23　WZ500 型无砟铺轨机钢轨牵引车正面

传统的道岔，不仅道岔号码小，导致列车侧向通过速度慢，而且由于有害空间的存在，使列车直向通过速度受到限制。因此，为了使列车能够以更高速度通过道岔，高速铁路采用大号码可动心轨道岔，确保列车在高速运行时平稳通过。

《铁路技术管理规程》（普速铁路部分）第 47 条：线路允许速度 120 km/h 及以下区段的正线道岔，采用固定型辙叉道岔；线路允许速度 120 km/h 以上至 160 km/h 及以下，或货车轴重 25 t 及以上区段的正线道岔，采用可动心轨道岔或固定型辙叉道岔，并采用外锁闭装置；线路允许速度 160 km/h 以上区段的正线道岔，须采用可动心轨道岔、外锁闭装置。

《铁路技术管理规程》（高速铁路部分）第 46 条：道岔应铺设在直线上，正线道岔不得与竖曲线重叠。车站正线及到发进路上的道岔宜采用可动心轨道岔，道岔轨型应与正线和到发线的轨型相同。

《铁路技术管理规程》（高速铁路部分）第 47 条：道岔辙叉号数选择应符合下列规定：

（1）正线道岔的直向通过速度不应小于路段设计行车速度。

（2）正线与到发线连接应采用 18 号道岔。两正线间的渡线应按功能需要选用 18 号及以上道岔。

（3）始发或终到车站以及改、扩建车站，在特别困难条件下，可采用 12 号道岔。

（4）正线与联络线连接的道岔辙叉号数应按联络线设计行车速度选用，并宜选用大号码道岔。

一般来说，客货混行设计速度 200~250 km/h 道岔采用 12 号可动心轨道岔（见图 2-24），设计速度 250 km/h 以上的客运专线车站内大多数道岔采用 18 号可动心轨道岔（见图 2-25、图 2-26），通往综合维修工区或连接安全线的道岔可采用 12 号及以下号码道岔。线路所或者接入联络线或者车站内通往其他高速铁路的道岔需要选用 30 号以上的道岔，以保证列车能够高速通过（见图 2-27、图 2-28）。2009 年，京广高速铁路武广段采用 50 号可动心轨道岔连接正线与联络线。目前，中国最大号码的道岔就用于高速铁路，为 62 号道岔，共两组，安装于长春西站，连接哈大高速铁路与长吉城际铁路长春—长春西联络线，尖轨使用 8 台转辙机牵引，可动心轨使用 4 台转辙机牵引，设计列车侧向通过速度 220 km/h，目前实际侧向通过速度 160 km/h。

图 2-24　12 号可动心轨道岔
（宁启双线电气化正线，设计速度 200 km/h）

图 2-25　18 号有砟可动心轨道岔
（兰新客运专线西宁站）

图 2-26　18 号无砟可动心轨道岔
（京沪高速铁路南京南站）

图 2-27　42 号无砟可动心轨道岔
（京沪高速铁路秦淮河线路所）

图 2-28　42 号有砟可动心轨道岔（连镇客运专线横山线路所）

此外，高速铁路道岔采用滚轮替代传统道岔滑床板，不仅保证道岔转换更加顺利，而且可以减少道岔维护工作量。为了确保道岔密贴可靠，还加装了密贴检查器（见图2-29）。

图2-29　18号道岔安装的密贴检查器（兰新客运专线西宁站）

4. 超高

为了使列车能够以更快的速度通过曲线，高速铁路除了增大曲线半径外，还要设置较高的超高（见图2-30、图2-31）。

图2-30　超高剖面　　　　　　　图2-31　武黄城际铁路华容东—葛店南路段
（宁安城际铁路马鞍山段）　　　　（列车通过曲线时，水面发生了倾斜）

任务2.3　认知高速铁路桥梁与隧道

21世纪前，中国修建铁路，遇到山岭河川，大多采取沿着河谷延伸的方式，造成铁路线路半径小、坡道大，列车速度无法提升。例如宝成铁路秦岭—广元段，受制于技术，几乎沿着嘉陵江河谷铺设，沿线多小半径曲线，列车速度限制在60～80 km/h（见图2-32）。进入21世纪，随着铁路施工工艺的不断发展，以长隧道、长桥梁穿越自然障碍的铁路设计理念得到广泛应用，高速铁路也不例外。

图 2-32　宝成铁路秦岭—广元段

1. 桥梁

根据《高速铁路设计规范》(TB 10621—2014)，桥涵结构应构造简洁、美观，力求标准化，便于施工和养护维修，结构应具有足够的竖向刚度、横向刚度和抗扭刚度，并应具有足够的耐久性和良好的动力特性，满足轨道稳定性、平顺性的要求，并满足高速列车安全运行和旅客乘坐舒适的要求。

1）一般桥梁

对于大多数地段来说，一般采用 700 t 或 900 t 的空心箱梁（见图 2-33）。跨距在 100 m 左右的桥可采用钢桁架（见图 2-34）、系杆拱（见图 2-35）、连续梁（见图 2-36）等形式。

图 2-33　箱梁架设

图 2-34　下承式钢梁桥
（宁启铁路双线电气化工程滁河桥）

图 2-35　系杆拱桥
（宁安城际铁路江宁河特大桥）

图 2-36　连续梁
（沪宁高速铁路仙宁联络线、京沪高速铁路秦淮河特大桥）

注：① 钢梁桥受到热胀冷缩影响，桥面需要采用有砟结构。

② 系杆拱桥是高速铁路主流桥型，它是一种集拱与梁的优点于一身的桥型，它将拱与梁两种基本结构形式组合在一起，使二者共同承受荷载，充分发挥梁受弯、拱受压的结构性能和组合作用。

对于高速铁路的联络线，仍可采用传统的 T 形梁结构（见图 2-37）。

图 2-37　T 形梁结构
（宁杭高速铁路南京南站京沪场联络线）

2）斜腿刚构桥

这种桥采用斜向支撑的刚性结构，适用于跨越深谷或交通要道。施工面小，对生态环境和交通要道影响小。石太客运专线孤山大桥采用这种结构。

3）钢桁架拱桥

钢桁架拱桥是由钢制拱和钢制桁架两种结构体系组合而成。桁架拱结构的特点是自重轻、整体性强、受力明确，适用于在软土地基上修建中等跨径的铁路桥。大胜关长江大桥采用该结构（见图 2-38、图 2-39）。大胜关长江大桥承载 6 线铁路，其中京沪高速铁路设计速度为 300 km/h（主桥有砟区段限速 250 km/h），沪汉蓉铁路客车设计速度为 250 km/h，南京城市轨道交通（地铁 S3 线）设计速度为 80 km/h。桥址处设计最高通航水位为 8.78 m（黄海高程），设计最低通航水位为 0.22 m，桥梁通航净空高度不低于 24 m。

图 2-38　大胜关长江大桥（实景图）　　图 2-39　三主桁的横断面布置图

资料来源：易伦雄. 南京大胜关长江大桥大跨度钢桁拱桥设计研究[J]. 桥梁建设，2009（5）：1-5.

主桥上部桥跨为（108+192+336+336+192+108）m 六跨连续钢桁梁拱桥，采用三片主桁，桁宽 2×15.0 m，浅水区则设计 4 孔 84 m 跨连续钢桁梁结构。南京城市轨道交通荷载较轻，外挂于主桁两侧，明桥面布置。主桥恒载约 92 t/m，设计活载为 6 线铁路，是目前世界上设计荷载最大的高速铁路桥梁。主桥最大跨度为 336 m，是目前国际上设计速度 300 km/h 级别中最大跨度的高速铁路桥梁。

本桥钢梁部分杆件采用了 Q420 级别高强度、高韧性与良好焊接性能的新型钢材；钢梁采用世界上首创的三片主桁的桁架拱桥，以及钢正交异性板整体桥面、板桁组合结构、变截面杆件及整体节点等新型结构；本桥采用伸缩量 1 000 mm 的桥梁轨道温度调节器和梁端伸缩装置，以及 17 000 t 的大吨位球形支座等新工艺。

4）斜拉桥

斜拉桥是由桥墩塔、拉索和梁体构成的高强度大跨度桥梁，适用于跨大江大河的高速铁路桥。

在水深流急的大江大河设立桥墩，是一项复杂的工程。首先，需要在河床中立下基础，常见的方法有钢围堰法、沉井法和钻孔灌注桩基等方法。以合福客运专线铜陵长江公铁两用大桥为例：位于江中的 3 号桥墩采用沉井法，位于江南岸边的 4 号桥墩采用钻孔灌注桩基法，将桥墩塔牢固竖立在滚滚长江中。待桥墩塔施工结束后，由每个桥墩塔向两端同时吊装梁体，每吊装完一组梁体，立即安装拉索，如此循环直至合龙（见图 2-40）。

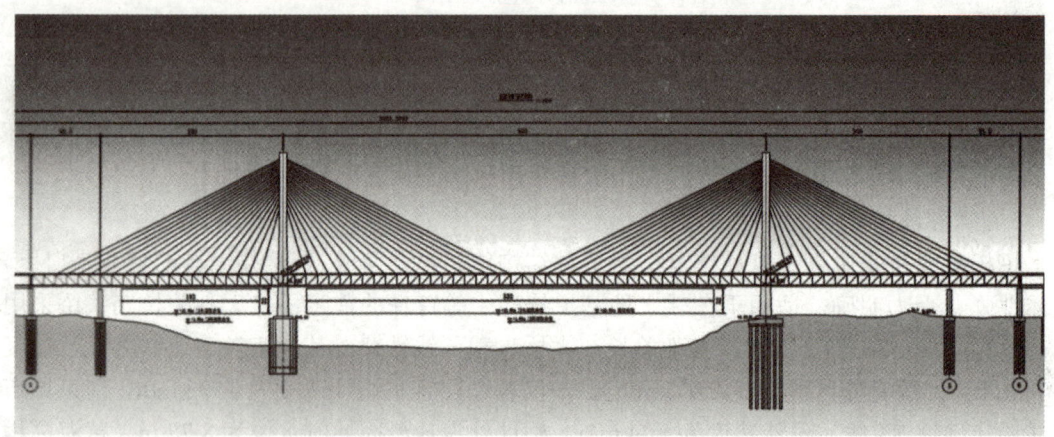

(a) 总体布置图

(b) 桥面布置图

(c) 外观图

图 2-40　铜陵长江大桥

资料来源：张骥翼. 追梦之路：合福高铁安徽段[M]. 合肥：安徽科学技术出版社，2015.

5）悬索桥

悬索桥跨度更大，桥下净空更高，但是强度不够，抗风性差，目前仅有连镇铁路的五峰山长江大桥使用悬索桥（见图 2-41）。

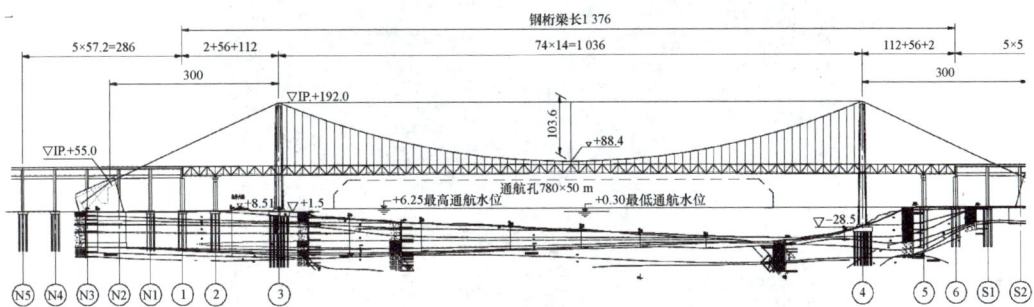

(a) 主桥桥式布置图

资料来源：中国铁道科学研究院，连淮扬镇铁路环境影响评价报告。

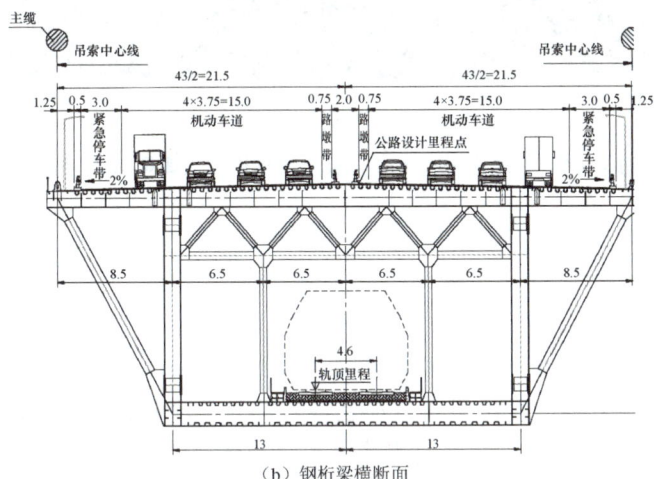

(b) 钢桁梁横断面

资料来源：中国铁道科学研究院，连淮扬镇铁路环境影响评价报告。

(c) 实景

图 2-41　五峰山长江大桥公铁合建钢桁梁悬索桥方案

(d) 铁路桥桥面（施工中）

图 2-41　五峰山长江大桥公铁合建钢桁梁悬索桥方案（续）

拓展阅读

五峰山大桥

五峰山大桥是江苏省镇江市境内的一座跨江大桥，是中国第一座重型公铁两用悬索桥，是世界上运行速度最快、运行荷载最大的公铁两用悬索桥。大桥全长 6 409 m，主跨 1 092 m，一跨过江，下层是 4 线高速铁路，东侧为连镇客运专线，西侧预留，设计速度 250 km/h。上层为双向 8 车道高速公路，设计速度 100 km/h。

悬索桥跨度大，但是结构轻，不大适合像铁路这样需要高强度、高载荷的桥梁。但是连镇客运专线需要在镇江跨过长江，而长江是国内为数不多的内河航运大动脉。南京新生圩以下的长江江面，要求保持 50 m 以上的净空和大跨度，最好能一跨过江，尽量避免在江中建设桥墩，否则将极大地阻碍水路运输。大跨度的桥梁主要有斜拉桥和悬索桥两种，前者适合铁路桥且建桥技术已经成熟，但是大跨度建设难度大；后者可以做到大跨度，但是载荷不足。经过反复研讨论证，设计者决定建设一跨过江的重型悬索桥。五峰山大桥荷载的公路、铁路车道数量和荷载重量，都分别远远超过国际同类桥梁，刷新多项世界纪录，实现"中国制造"向"中国创造"历史性跨越。

钢轨伸缩调节器

考虑到钢结构桥面的热胀冷缩特性，钢结构和钢筋混凝土梁体并不是接在一起，而是留有足够的热胀冷缩的空间，但是钢轨必须要完整连接在一起。那么，在两种梁体的分离处，就要设置钢轨伸缩调节器（轨温调节器），以满足两种梁体因为热胀冷缩而带来的钢轨的活动量。钢轨伸缩调节器粗细不变的称为基本轨，逐渐变细消失的称为尖轨，在名称上与道岔一样。但是，活动的轨道却截然相反——尖轨是被牢牢锁定的，而基本轨则是在尖轨的一侧随着桥体的热胀冷缩而滑动。基本轨与尖轨的中间联结零件也有所不同。基本轨一侧使用低强度的中间联结零件，允许钢轨以肉眼看不见的速度沿着尖轨的侧面伸缩，而尖轨一侧则用高强度的中间联结零件牢牢锁定钢轨的位置。从侧面看，钢枕与低强度的中间联结零件会自由滑动，但是如果滑动不均匀，就会造成钢枕之间的距离增大，从而造成安全隐患，因此设计了剪刀系统，使得每根可动钢枕之间的距离被强制控制为相等的数值。在剪刀系统外侧，安装角度传感器，通过剪刀系统角度的变化，折算出钢轨伸缩变形的数值，并且能实时记录、实时监测，为大桥的养护做出依据（见图 2-42）。

图 2-42 五峰山大桥钢轨伸缩调节器

6）转体桥

转体桥是为了避免影响繁忙交通干线而设计的，例如京沈高速铁路上跨高新铁路转体桥（见图 2-43）。施工时，在桥墩和基础之间设立转盘，先平行于繁忙交通干线，垂直或斜交于新建铁路建造桥墩和梁体。建设完成后，封锁交通干线，将桥体缓慢旋转，与两端桥梁对接合龙。沪昆高速铁路在长沙上跨京广高速铁路桥，以及在云南沾益上跨沪昆普速铁路沾益站特大桥就是转体桥。

7）以桥代路

现在很多位于平原地区的高速铁路采用"以桥代路"的形式，这样可以省去大量土石方工程，以节约施工成本，也能保护生态环境，还能方便桥下居民顺利通行，此外还能控制沉降（见图 2-44）。世界第一长桥——京沪高速铁路丹（阳）昆（山）特大桥，全长 165 km，就是以桥代路的典范。

图 2-43 京沈高速铁路上跨高（台山）新（立屯）铁路转体桥

图 2-44 京沪高速铁路秦淮河特大桥（长 12 km）

8）桥梁救援疏散通道

为了使发生事故时，旅客能够尽快离开桥梁，安全抵达地面，对于桥长超过 3 km 的高速铁路桥，应结合地面条件，每隔 3 km 在线路两侧交错设置一处可上桥、下桥的救援疏散通道（见图 2-45）。救援疏散通道应能满足抗震设防要求，应与地面道路顺接。救援疏散通道包括休息平台、楼梯、栏杆、立柱、基础、安全防护罩、顶部休息平台安全门等。救援疏散通道也可作为施工作业通道使用。

图 2-45 宁杭高速铁路南京南线路所江宁区间桥梁救援疏散通道

2. 隧道

高速铁路隧道设计必须考虑列车进入隧道诱发的空气动力学效应，以及对行车、旅客舒适度、隧道结构和环境等方面的不利影响。因此，高速铁路隧道与普速铁路隧道有显著的区别。

普速铁路隧道截面小、净空小（见图 2-46），列车几乎贴着隧道壁通过（见图 2-47）。如果人员在隧道内作业，当列车接近时，需要进入就近的避车洞（见图 2-48）。

图 2-46 典型普速铁路隧道——鹰厦铁路鸿山隧道
注：该隧道已经停用，被地方政府开发为铁道公园。

图 2-47 普速铁路隧道列车几乎贴着隧道壁通过

图 2-48　普速铁路隧道避车洞

总体来看,高速铁路隧道截面更大,根据《高速铁路设计规范》(TB 10621—2014),隧道净空有效面积应符合下列规定:

(1) 设计速度为 300 km/h、350 km/h 时,双线隧道不宜小于 100 m²,单线隧道不宜小于 70 m²。

(2) 设计速度为 250 km/h 时,双线隧道不宜小于 90 m²,单线隧道不宜小于 58 m²。

此外,高速铁路隧道内需要设置救援通道和安全空间。

由于列车高速进入隧道时,会引起隧道内空气压力急剧波动,也容易在隧道出口产生微气压波,发出轰鸣声,使隧道口附近的建筑物门窗发生振动。此外,高速列车经过隧道时,瞬变压力会造成旅客和乘务人员耳膜明显不适、舒适度降低。为减弱高速列车的空气动力学效应,高速铁路隧道一般设喇叭口洞口缓冲段,兼作隧道洞门(见图 2-49、图 2-50)。

图 2-49　典型高速铁路隧道——
京沪高速铁路西村隧道

图 2-50　目前中国第二长隧道——
石太客运专线太行山隧道
(洞口设置过渡段)

铁路隧道内的空气流动

列车在铁路隧道中行驶，如同一个活塞，将隧道入口的气流向出口推送，称为活塞风。无论是普速铁路还是城市轨道交通都能产生这种现象。高速铁路列车运行速度更快，产生的类似活塞风的气流更加强烈，在隧道内产生的空气压力差更大。高速铁路隧道的空气流动问题一直是中外铁路学者研究的热点。

高速铁路隧道，暗挖隧道应采用复合式衬砌，明挖隧道应采用整体式衬砌。隧道衬砌内轮廓宜采用圆形断面（见图2-51）。

图2-51 宁安城际铁路王府山隧道衬砌

对于长隧道，还有以下特殊要求：

（1）隧道长度大于500 m时，应在洞内设置余长电缆腔，可与专用洞室结合设置。余长电缆腔应沿隧道两侧交错布置，每侧间距宜为500 m。长度为500~1 000 m的隧道，可只在其中部设置一处。

（2）隧道长度大于2 000 m时，可根据接触网设计要求在洞内设置下锚区段。下锚区段宜布置在地质条件较好的地段。

（3）隧道长度大于10 km时，宜采用两个单线隧道方案。

（4）隧道长度为20 km及以上时，应设置紧急救援站，紧急救援站之间的距离不应大于20 km；隧道长度为10~20 km时，应设置避难所；隧道长度为3~10 km时，可结合辅助坑道情况设置紧急出口。

（5）隧道长度大于20 km时，宜设置运营通风。

模块 2 高速铁路线路与桥梁隧道

课程实践

实践内容	铁路线路
实践目标	1. 基本目标：认识常见的高速铁路线路设备 2. 拓展目标：了解自己家乡铁路线路设备状况
实践形式	1. 现场参观与讨论 2. 个人或分组汇报
具体内容	1. 现场参观与讨论 （1）上课前进行安全教育。 （2）观看板式无砟轨道、双块式无砟轨道、埋入式轨枕，以及展示城市轨道交通无砟轨道的图片、模型或实物，讨论应用范围。 （3）选择一组固定辙叉道岔，在道岔不扳动的情况下，讲解固定辙叉道岔的结构。 （4）使用轻型轨道车或单一车轮演示列车过道岔过程。 ① 将道岔扳至定位（若是电动道岔可请其他教师至信号楼用电动操纵，也可使用手摇把现场扳动；若是手动道岔则直接扳动道岔握柄），推动轻型轨道车或者单一车轮通过道岔来回走行一次。 ② 将道岔扳至反位，推动轻型轨道车或者单一车轮通过道岔来回走行一次，说明列车改变运行方向是因为道岔尖轨移动，引导车轮轮缘驶向正确的方向。 ③ 将道岔再次扳至定位，将轻型轨道车或单一车轮推至辙叉，来回通过辙叉多次。 看及听：车轮通过有害空间时的现象及发出的声音，以及护轨是如何约束车轮轮缘引导车轮顺利通过有害空间的。 （5）思考：传统固定辙叉道岔的有害空间为什么"有害"？高速铁路行车如何消除有害空间？展示可动心轨道岔图片，讲解可动心轨道岔原理。 （6）观看典型铁路桥梁模型，复习铁路桥梁结构。 （7）观看铁路隧道模型，复习铁路隧道结构。 2. 我家乡的铁路线路状况
安全警示	1. 严格按照教师规定的路线行走，不得进入无关区域，不得攀爬铁路设备 2. 在道岔扳动及轨道车或车轮运行中，所有人员不得进入道心，不得踩踏轨旁设备，不得将身体任何部位及任何物品置于尖轨和基本轨之间的"老虎口"

学习评价

评价主体	评价对象	评价结果与亮点
自我评价	1. 知识评价：对所学内容是否了解 2. 技能评价：课程实践是否顺利完成，是否养成了相应的安全习惯 3. 情感态度价值观评价：是否初步具备本模块内容所需要的职业素养	
其他学习者评价	1. 知识评价：对所学内容是否了解 2. 技能评价：课程实践是否顺利完成，实践过程中是否存在有安全隐患的行为 3. 情感态度价值观评价：是否初步具备本模块内容所需要的职业素养	
教师评价	1. 知识评价：对所学内容是否了解 2. 技能评价：课程实践是否顺利完成，实践过程中是否存在有安全隐患的行为 3. 情感态度价值观评价：是否初步具备本模块内容所需要的职业素养	

续表

评价主体	评价对象	评价结果与亮点
企业导师评价	1. 知识评价：对所学内容是否了解 2. 技能评价：课程实践是否顺利完成，实践过程中是否存在有安全隐患的行为 3. 情感态度价值观评价：是否初步具备本模块内容所需要的职业素养	

【岗位直通车】铁路线路工"1+X"线路维护证书（中级）考试

理论内容：

铁路线路基本知识

实作内容：

1. 50～100 m 线路巡查
2. 线路起道
3. 线路捣固

思 考 题

（1）结合自己的乘车经历，谈谈高速铁路是怎样提高轨道平顺度的。

（2）调查学校所在地的高速铁路（或者熟悉的高速铁路）使用哪种类型的无砟轨道，是采用什么样的方法铺设的。

（3）观察并对比高速铁路、普速铁路不同形式的桥梁，尤其是跨度较大的桥梁，收集这些桥梁的建造方法。

（4）为了避免闲杂人员通过桥梁救援疏散通道进入高速铁路轨道区域，在桥梁救援疏散通道上应该怎样做好安全防范措施？

（5）焊接钢轨有哪些方法？

（6）根据现场观察，绘制固定辙叉和可动心轨道岔结构示意图。

（7）无砟轨道有哪些优点？有哪些缺点？

（8）聚氨酯固化道床有哪些优点？

模块 3　高速铁路动车组

> **教学导航**

学习目标	1. 必备的知识、技能 （1）学习者能够了解中国动车组的型号； （2）学习者能够辨认中国动车组的车号编排； （3）学习者能够了解中国高速综合检测列车的作用； （4）学习者能够了解中国动车组的技术特点； （5）学习者能够了解中国动车组的运用情况。 2. 良好的职业素养 （1）学习者能够认知中国动车组设备从引进国外技术到自主创新的过程，从而感受到社会主义建设的伟大成就； （2）学习者能够主动形成开发动车组文化的意识。
计划学时	4～6 学时
学习要求	按照学习目标，通过课前思考与讨论、理论学习、实践学习、课后回顾与拓展，完成相应的学习内容，并注意个人安全。

> **课前思考与讨论**

1. 在确保自身安全且不得干扰铁路行车秩序的情况下，观察通过的动车组的外观和型号。
2. 查阅相关资料或拜访相关专家，了解在中国高速铁路大规模建设前研发制造的动车组的研制过程和技术指标。
3. 讨论：动车组车内环境相比普速客车车内环境有什么优点，有什么不足和值得改进的地方。

普速铁路以机车和车辆的形式运送人员和物资，而高速铁路主要采用动车组的形式承担运输任务。俗话说"火车跑得快，全靠车头带"。但是高速铁路动车组则完全颠覆了这一概念，动车组能运行得更快，是因为动车组有很多方面与普速铁路机车和车辆不同。

任务 3.1　认知中国主要动车组

从 2005 年起，铁道部以"引进、消化、吸收、创新"的形式，从庞巴迪、川崎、西门子、阿尔斯通四家世界知名轨道交通企业引进高速动车组技术，形成了具有中国特色的"CRH"系列动车组，并将所有引进国外技术、联合设计生产的中国高速铁路（China Railway Highspeed）列车均命名为"和谐号"。

中国高速铁路动车组按照运行速度划分为 200～250 km/h 及 300～350 km/h 两个速度等级，有 4 辆、8 辆、16 辆、17 辆等多种编组方式。

1. 庞巴迪系列

1）CRH1 型动车组

这是由青岛四方庞巴迪铁路运输设备有限公司（BST）生产的 CRH 系列高速电力动车组车款之一。CRH1 系列分为 CRH1A（8 节编组 250 km/h 级别动车组，见图 3-1）、CRH1B（16 节编组 250 km/h 级别动车组，见图 3-2）、CRH1E（16 节编组 250 km/h 级别卧铺动车组，见图 3-3～图 3-5）等车型。

2）CRH380D 型动车组

这是由青岛四方庞巴迪铁路运输设备有限公司基于庞巴迪 ZEFIRO 平台研发的 CRH 系列 350 km/h 级别高速动车组（见图 3-6）。

图 3-1　CRH1A 型动车组

图 3-2　CRH1B 型动车组

图 3-3　CRH1E 型卧铺动车组

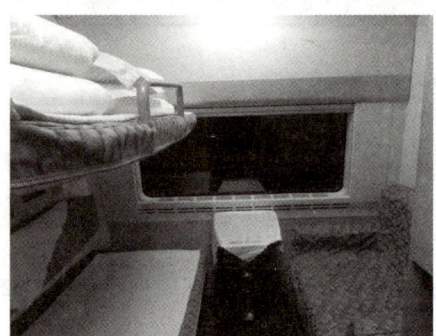

图 3-4　CRH1E 型卧铺动车组高级软卧包间

图 3-5　CRH1E 型新版卧铺动车组

图 3-6　CRH380D 型动车组

注：CRH1A-A 型动车组使用 CRH380D 的头型和外观。

2. 川崎系列

1）CRH2 型动车组

这是由中国中车四方机车车辆股份有限公司引进川崎重工公司技术生产的 CRH 系列高速电力动车组车款之一。CRH2 系列分为 CRH2A（8 节编组 250 km/h 级别动车组）、CRH2B（16 节编组 250 km/h 级别动车组）、CRH2C（8 节编组 350 km/h 级别动车组）、CRH2E（16 节编组 250 km/h 级别卧铺动车组）、CRH2G（8 节编组 250 km/h 级别高寒动车组）及 CRH2E 纵向卧铺动车组等车型。CRH2 型动车组是"和谐号"子型号最多、种类最全的动车组系列（见图 3-7）。

（a）CRH2A 型动车组早期版

（b）CRH2A 型动车组统型版

（c）CRH2B 型动车组

（d）CRH2C 型动车组

（e）CRH2E 型动车组

（f）CRH2E 新版卧铺动车组

图 3-7　CRH2 系列动车组

（g）CRH2E 型纵向卧铺动车组

（h）CRH2G 型高寒动车组

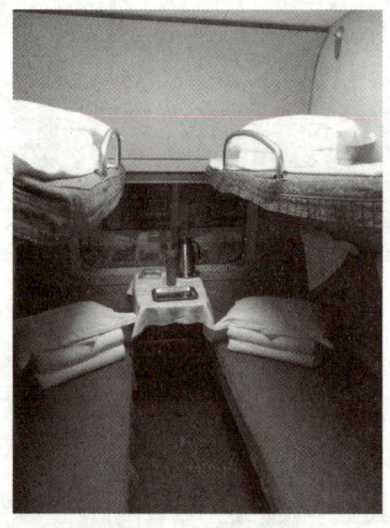
（i）CRH2E 型卧铺动车组软卧车厢

（j）CRH2E 型纵向卧铺动车组车内

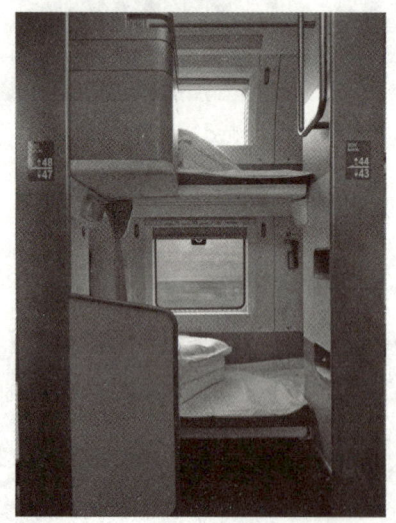
（k）CRH2E 型纵向卧铺动车组靠走廊和靠窗铺位

图 3-7　CRH2 系列动车组（续）

> **延伸阅读** 什么是纵向卧铺动车组
>
> 中国传统的旅客列车卧铺布局是垂直于列车运行方向的,也就是横向布局;而纵向卧铺则是平行于列车运行方向的,这种布局在欧美的旅客列车上较为普遍。纵向卧铺前一位旅客放脚的位置在后一位旅客的隔间用作茶桌(使用物理隔离,不会引起空气流通),这样能够最大限度地利用车内空间。相比于传统客车一节设置66人的三层开放式或半包式硬卧铺位,以及36人的四人间包厢式软卧铺位,这样一节纵向卧铺车厢可设置多达60人的双层软卧铺位,提高了列车运输能力,并且能做到一人一隔间,增强了私密性,减少了旅客之间的干扰。此外,CRH2E型纵向卧铺动车组还进行了一系列人性化的设计:每个铺位隔间均设置插座、USB充电插口、灯光开关;铺位的墙面上配有靠背,可以按坐姿需求调整倾斜角度;车内空调为每个铺位单独送风等。

2)CRH380A 型动车组

这是由中国中车四方机车车辆股份有限公司在CRH2C型动车组基础上研发的CRH系列高速动车组(见图3-8)。

图 3-8　CRH380A 型动车组

3. 西门子系列

1)CRH3 型动车组

这是由中国中车唐山轨道客车有限责任公司引进西门子公司技术生产的 CRH 系列高速电力动车组车款之一。CRH3系列仅有 CRH3C(8 节编组 350 km/h 级别动车组)及 CRH3A(8 节编组 250 km/h 级别动车组)两种型号(见图3-9、图3-10)。

图 3-9　CRH3C 型动车组

图 3-10　CRH3A 型动车组

2）CRH380B 型动车组

这是由中国中车唐山轨道客车有限责任公司在 CRH3 型动车组的基础上研发的新一代高速动车组。CRH380B 型动车组又分为高寒版（见图 3-11）和非高寒版。

图 3-11　行驶在京哈高速铁路的 CRH380BG 型高寒版动车组

4. 阿尔斯通系列

CRH5 型动车组：

这是由中国中车长春轨道客车股份有限公司引进阿尔斯通公司技术生产的 CRH 系列高速电力动车组车款之一。该系列目前仅有 CRH5A 型（8 节编组 250 km/h 级别动车组）。但是这款动车组可以在低站台办理旅客乘降业务，且抗寒能力较强，广泛应用于东北、西北地区。后期又研制了 CRH5G 型动车组、CRH5E 型卧铺动车组（见图 3-12）。

（a）CRH5A 型动车组　　　　　　　　（b）CRH5G 型技术提升版动车组

图 3-12　CRH5 型动车组

注：CRH5G 型动车组外观与 CRH5A 型差别不大。

5. 自主研发

1）CRH380CL 型动车组

这是由中国中车长春轨道客车股份有限公司在 CRH3C、CRH380BL 型动车组基础上自主研发的 CRH 系列高速动车组，也是"中国高速列车自主创新联合行动计划"的重点项目之一（见图 3-13）。

图 3-13　CRH380CL 型动车组

2）CRH6 型动车组

这是由中国中车浦镇车辆有限公司和四方机车车辆股份有限公司研发设计的中国首个城际车型动车组。它继承了"和谐号"系列高速动车组安全、成熟、舒适和可靠等优点，具备快起快停、快速乘降、大载客量及高速持续运营的特点，可满足互联互通要求，起到衔接高铁和城轨的纽带作用，完善了中国轨道交通层次架构。目前，CRH6 型动车组已经在广惠、广肇、长株潭、郑开、郑焦、郑机、成灌等城际铁路和金山、萧甬等普速铁路投入使用（见图 3-14）。

（a）CRH6A 型动车组（8 节编组）

（b）CRH6F 型动车组（4 节编组）

图 3-14　CRH6 型动车组

6. 中国标准动车组

中国标准动车组是为了适应中国的高速铁路运营环境和条件，满足更为复杂多样、长距离、长时间、连续高速运行等需求，打造适合中国国情、路情（持续高速运行、长距离、开行密度较高、载客量较大、高寒、多雪、高原风沙、沿海湿热、雾霾、柳絮等条件）的高速动车组，实现高速动车组技术的全面自主化。中国标准动车组大量采用中国国家标准、行业标准，以及专门为中国标准动车组制定的一批技术标准。与此同时，为了与国际接轨，促进中国装备走出去，也积极采用了一些国际标准及国外先进标准。2015 年 6 月 30 日，两列 350 km/h 级别的中国标准动车组顺利下线进行试验。2016 年 7 月，中国标准动车组在徐兰高速铁路郑徐段进行了 420 km/h 的交会试验。2017 年 1 月 3 日，国家铁路局为中国标准动车组颁发型号合格证和制造许可证，分别定型为 CR400AF 与 CR400BF。2017 年 2 月 25 日，该车型在京广高速铁路载客试运营。2017 年 6 月底，正式命名为"复兴号"并在京沪高速铁路载客运营（见图 3-15、图 3-16）。随后衍生出了长编组型（16 节、17 节）、智能型、250 km/h 速度级别等产品（见图 3-17）。

图 3-15　CR400AF 型中国标准动车组

图 3-16　CR400BF 型中国标准动车组

（a）CR400AF-A 型长编组中国标准动车组

图 3-17　中国标准动车组衍生型号

(b) CR400BF-A 型长编组中国标准动车组

(c) CR400BF-Z 型智能中国标准动车组

(d) CR300AF 型 250 km/h 速度级别中国标准动车组

图 3-17　中国标准动车组衍生型号（续）

(e) CR300BF 型 250 km/h 速度级别中国标准动车组

图 3-17 中国标准动车组衍生型号（续）

> 课程思政与
> 铁路文化

与大型赛事有关的中国标准动车组

"瑞雪迎春"动车组

"瑞雪迎春"奥运版复兴号智能动车组，是国铁集团依托京张高铁智能技术，为 2022 年北京冬季奥运会量身定制的智能化中国标准动车组，车号 CR400BF-C-5162（见图 3-18）。"瑞雪迎春"动车组采用模拟鹰隼和旗鱼的空气动力学头型，进一步降低了空气阻力，让运行更加节能；能够适应-40 ℃的高寒运用环境；实现了 350 km/h 的自动驾驶，具备车站自动发车、区间自动运行、到站自动停车及开门等功能，提高了旅客乘坐舒适度，减轻了司机劳动强度；列车搭载了"智慧大脑"，部署了大量传感器，构建了车载故障预测及健康管理系统，能够帮助乘务人员提前发现和防范故障。通过应用新材料、新工艺，"瑞雪迎春"动车组实现车内外噪声降低 1~2 dB，内装材料可回收率超过 75%；增设滑雪器材柜，完善无障碍设施，方便赛事人员和冬残奥会运动员出行。车内还设有超高清演播室，在 350 km/h 速度下能确保安全稳定播出电视节目。"瑞雪迎春"动车组在 2022 年北京冬季奥运会期间承担了运动员、工作人员和媒体人员往返北京、张家口的运输任务；冬奥会结束后，担当北京北至呼和浩特的旅客运输任务。

(a)外观

(b)商务座

(c)多功能座

图3-18 "瑞雪迎春"动车组

(d) 滑雪器材柜

图 3-18 "瑞雪迎春" 动车组（续）

"润泽江南" 亚运动车组

2023 年 9 月 16 日，为第 19 届杭州亚洲运动会量身打造的"润泽江南"复兴号亚运智能动车组正式载客，车号为 CR400BF-Z-0524（见图 3-19）。该车具有定制、绿色、智能、舒适等特点。外观设计团队为该车定制了 28 套不同版本的外观方案，其中以亚运核心"润泽"主题和色彩系统为设计灵感的"润泽江南"方案经过多次评审，被确定为最终方案。此方案将亚运视觉系统中核心图形"润泽"、色彩系统中主体颜色"虹韵紫"作为主要装饰色彩，通过渐变的形式装饰车身。在强调"润泽"图形本身内涵的同时，方案体现出高铁列车独特的速度与科技感，并通过图形与韵味十足的线条相结合，赋予车身更深层次的寓意。在图形的基础上，融入各式各样的运动图案增强车身的动感与亚运氛围，体现"温润万方、泽被天下"的气韵。"虹韵紫"是杭州亚运会会徽"潮涌"的主色，既是欢聚和交融之色，也是活力与创新之色，象征"日月交辉、时代风采"。

为提升"润泽江南"亚运动车组的温度舒适性，给旅客提供更好的智能化乘车环境，针对空调系统，设计团队先后设计了三版送风方案，绘制了一百余张图纸。经过不断的线路测试、数据分析，设计团队打造的新型变频空调机组可实现对空调制冷量的精细设定，能够达到车内温度 ±1 ℃ 控制精度，可实现节能 15%；通风系统则采用高静压换新风和多级换气技术。"润泽江南"亚运动车组应用了车载安全监测系统及车载故障预测和健康管理系统（PHM），不仅能够实时监测车辆各系统状态，还可以通过构建"车地一体"的大数据分析平台，实现列车故障预警预判、数据汇总存储和健康状态评估。

(a)总体外观

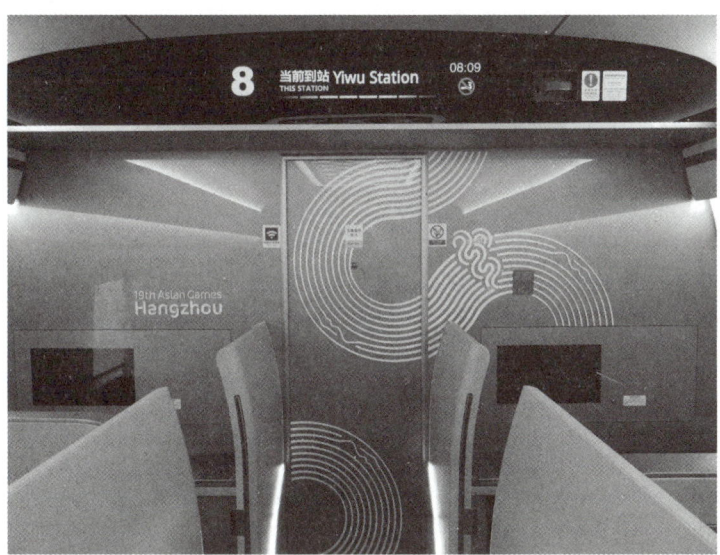

(b)车内亚运元素

(c)外观亚运元素

图3-19 "润泽江南"亚运动车组

任务 3.2　认知中国主要动车组编号规则

根据《动车组型号车组号、车种车辆号和席位号编制规则》，动车组型号、车号编号规则如下。

1. 以技术序列代码命名的方式

CRH××-××××

CRH：中国铁路高速动车组标志；

××：技术序列代码与子型号；

××××：车组号。

技术序列代码：

1——四方庞巴迪；

2——四方股份；

3——唐（山）车公司；

5——长（春）客股份；

6——四方股份/浦镇公司的城际动车组。

子型号：

A——时速 200~250 km、8 辆编组、座车；

B——时速 200~250 km、16 辆编组、座车；

C——时速 300~350 km、8 辆编组、座车；

D——时速 300~350 km、16 辆编组、座车；

E——时速 200~250 km、16 辆编组、卧铺车；

F——时速 160 km、8 辆编组、城际动车组；

G——时速 200~250 km、8 辆编组、耐高寒座车动车组；

H——时速 200~250 km、8 辆编组、耐风沙及高寒座车动车组；

J——综合检测动车组。

2. 以速度目标值命名的方式

CRH××× ××-××××

CRH：中国铁路高速动车组标志；

×××：速度目标值；

××：技术平台代码与子型号；

××××：车组号。

技术平台代码：

A——四方股份；

B——长客股份/唐车公司；

C——长客股份（研制生产的与 B 系列采用不同的牵引控制系统）；

D——四方庞巴迪。

子型号：

G——耐高寒动车组；

H——耐风沙及高寒动车组；

J——综合检测动车组；

L——16 辆编组动车组；

M——更高速度等级试验列车改为综合检测动车组（仅一组）。

3. "复兴号"中国标准动车组命名规则

CR　×××　×　×-××-××××
 1　　2　　3　4　5　　6

其中：

（1）车型代码中的"CR"为中国铁路"China Railway"的英文缩写。

（2）速度等级，以三位阿拉伯数字表示，400 代表车辆设计速度为 300～400 km/h；此外还有两个速度等级，分别为 200～300 km/h 和 100～200 km/h。

（3）企业识别代码，"A"代表生产厂家青岛四方，"B"代表生产厂家长客股份。

（4）技术类型代码，以一位大写英文字母表示，F、J 分别代表动力分散、集中电力动车组，P、N 分别代表动力分散、集中内燃动车组。

（5）技术配置代码，以一至两位大写英文字母表示，用以区分同型号下不同编组型式、不同定员、不同车种、不同运用环境适应性和综合检测用途等不同技术配置的改进型产品。

据调查，目前技术配置代码使用情况如下：

A——16 节长编组动车组；

B——17 节长编组动车组；

C 或 Z——智能动车组；

J——高速综合检测列车。

（6）车组号，以四位阿拉伯数字表示，按主机厂分配号段。同一主机厂不同衍生车型车组号，根据制造顺序排列。

任务 3.3　认知高速综合检测列车

传统的铁路检测方式，是通过纯人工方式，即巡道工依靠肉眼观察完成。而高速铁路行车速度快，设备较高级，对设备安全要求更高。中国作为世界上拥有最长高速铁路里程的国家，保障运营安全、提高检测效率、降低维修成本的任务十分艰巨，迫切需要发展综合检测技术。传统的巡道工作业方式已经远远不能满足高速铁路设备检查工作的需要。

高速铁路及部分提速改造的普速铁路，采用高速综合检测列车定期对轨道几何状态、加速度、轮轨力、接触网几何参数、弓网动态作用、供电参数、通信、应答器、轨道电路等进行同步、动态检测。通过对高速综合检测列车采集的数据进行综合数据分析，对高速列车运行品质及基础设施状态变化规律做出评价，可为高速铁路运营安全评估和指导养护维修提供技术支撑，对保障高速铁路安全高效运营具有十分重要的作用。

高速综合检测列车在中国的发展经历了从各种普速专业检测车底（如轨道检查车、接触网检测车、通信信号检测车）到安全综合检测车，再到高速综合检测列车几个阶段。检测内容从单一的专项检测，拓宽到多专业的综合检测；检测速度由低于 160 km/h，到 250 km/h，直到突破 500 km/h（见图 3-20）。

（a）CRH2A-2010 高速综合检测列车

（b）0 号高速综合检测列车 CRH5J-0201（原 CIT001）

（c）CRH2C-2061 与 CRH2C-2068 高速综合检测列车重联试验

（d）由 CRH2C-2150 改装的 CRH380A 试验车

（e）CRH380AJ-0201 高速综合检测列车（原 CRH380A-001）

注：CRH380AJ 高速综合检测列车后续生产两台，并改装 CRH380A-2808 和 CRH380A-2818 两车作为高速综合检测列车。

图 3-20　中国在用高速综合检测列车

（f）CRH380AM-0204 高速综合检测列车（前身是用于试验 500 km/h 的更高速试验列车）

（g）CRH2J-0205 高速综合检测列车

注：该车由 CRH2E-139 号事故车完好车底改造加上新造车厢拼凑而来。

（h）CRH380BJ-0301 高速综合检测列车

图 3-20 中国在用高速综合检测列车（续）

(i) CRH380BJ-A-0504 高速综合检测列车

(j) CR400BF-J-0003 高速综合检测列车

图 3-20　中国在用高速综合检测列车（续）

下面以 0 号高速综合检测列车为例，介绍高速检测列车的架构（见图 3-21）。0 号高速综合检测列车集检测、办公、会议、生活于一体，1 号车和 8 号车是通信信号检测车（见图 3-22、图 3-23），2 号车是会议室车，3 号车是接触网检测车（见图 3-24），4 号车是数据综合处理车，5 号车是轨道检测车（见图 3-25），6 号车是办公车，7 号车是卧铺车。此外，还设有环境视频采集系统（见图 3-26）。

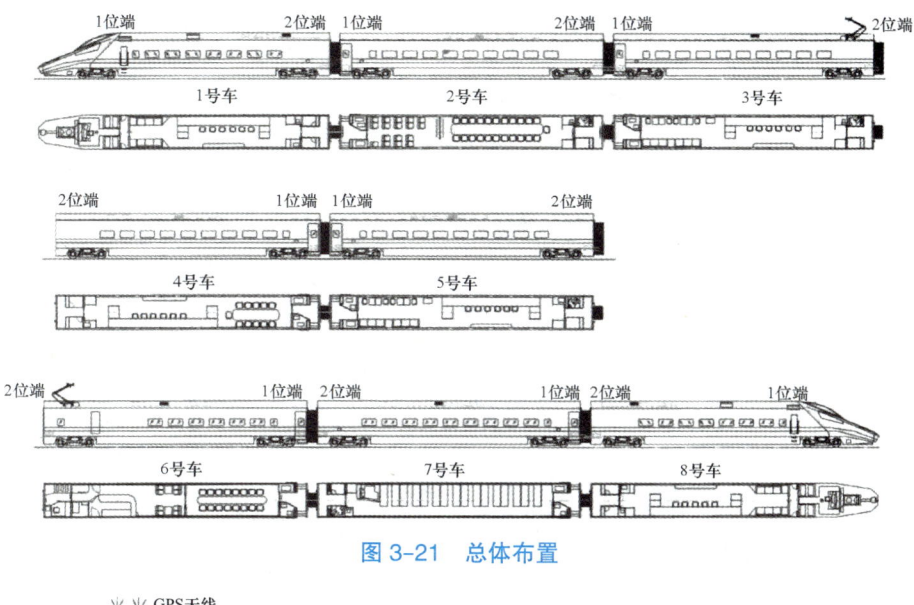

图 3-21 总体布置

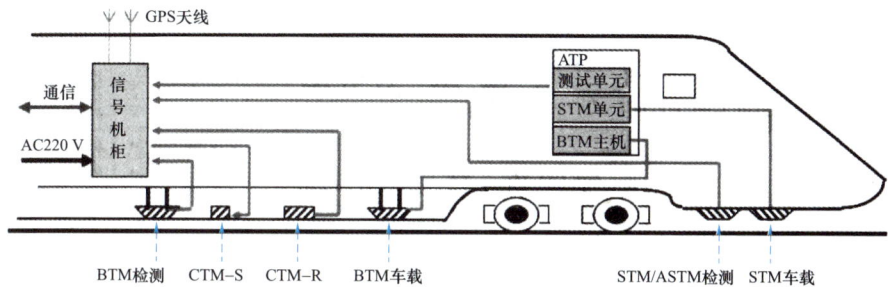

图 3-22 信号检测系统

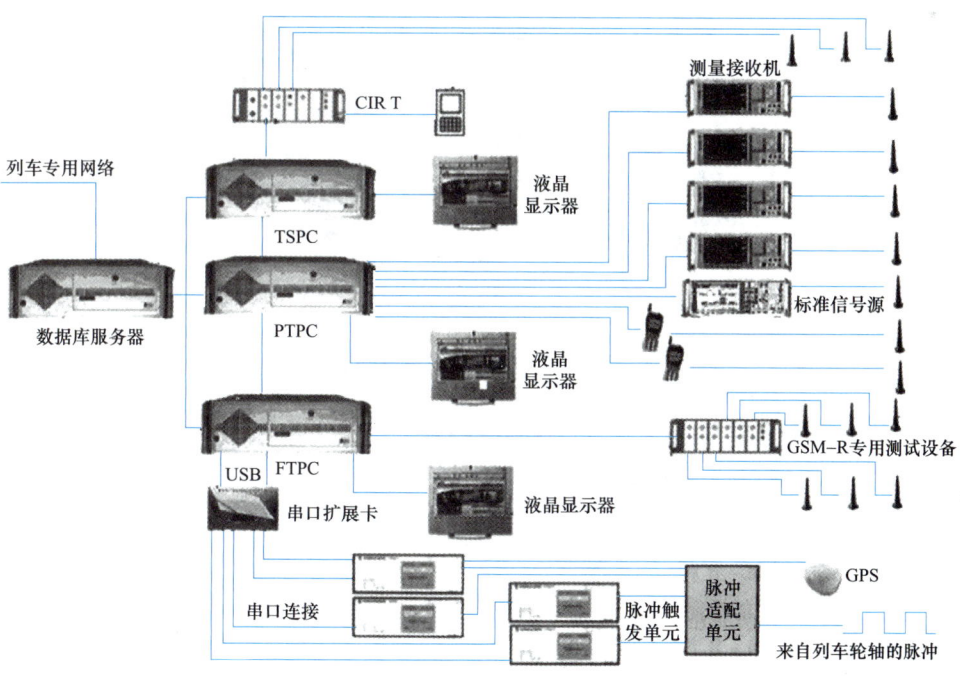

图 3-23 通信检测系统

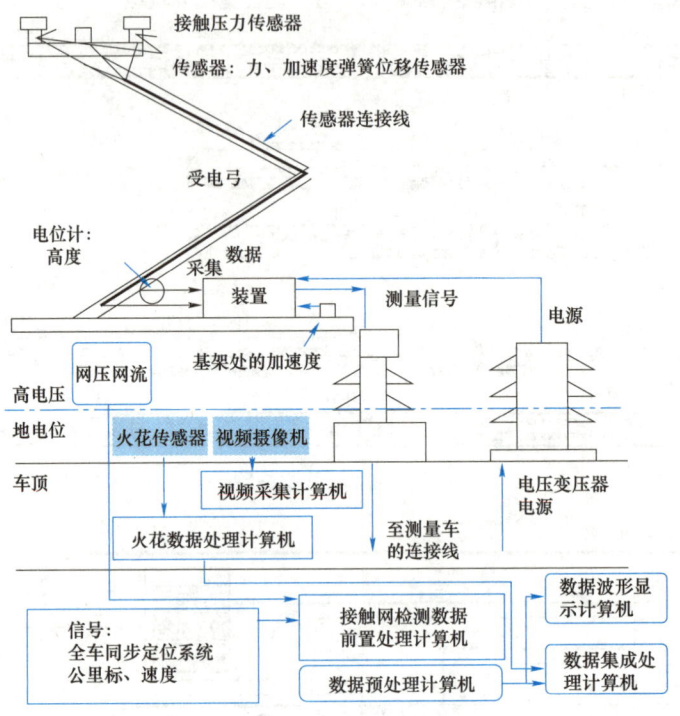

图 3-24 接触网检测系统

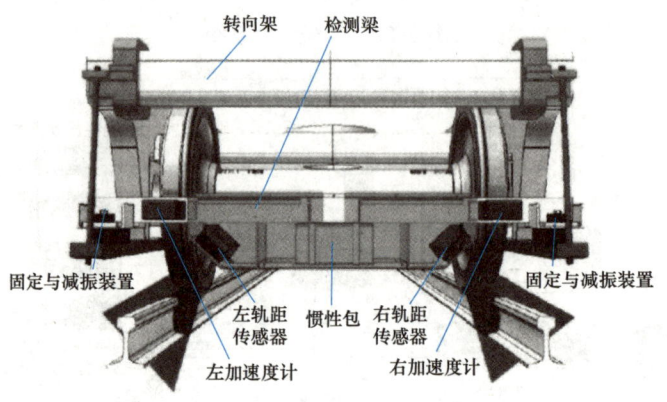

图 3-25 轨道检查设备布置

各系统采集到的数据存入列车上的数据库，进行自动处理和人工分析，可自动生成并打印各种报表和报告，作为高速铁路开通运营前安全评估及开通运营后检修维护的重要依据（见图 3-27、图 3-28）。此外，0 号高速综合检测列车还具备自我诊断和多媒体显示功能。自我诊断功能便于在出现故障时能够迅速定位并排除故障（见图 3-29）；多媒体显示功能可以将各个子系统的界面实时显示在会议车内供领导和专家实时察看，也可将检测结果或外部多媒体源接入，供领导和专家会商（见图 3-30、图 3-31）。

模块 3　高速铁路动车组

图 3-26　环境视频采集系统

资料来源：侯卫星. 0 号高速综合检测列车[M]. 北京：中国铁道出版社，2010.

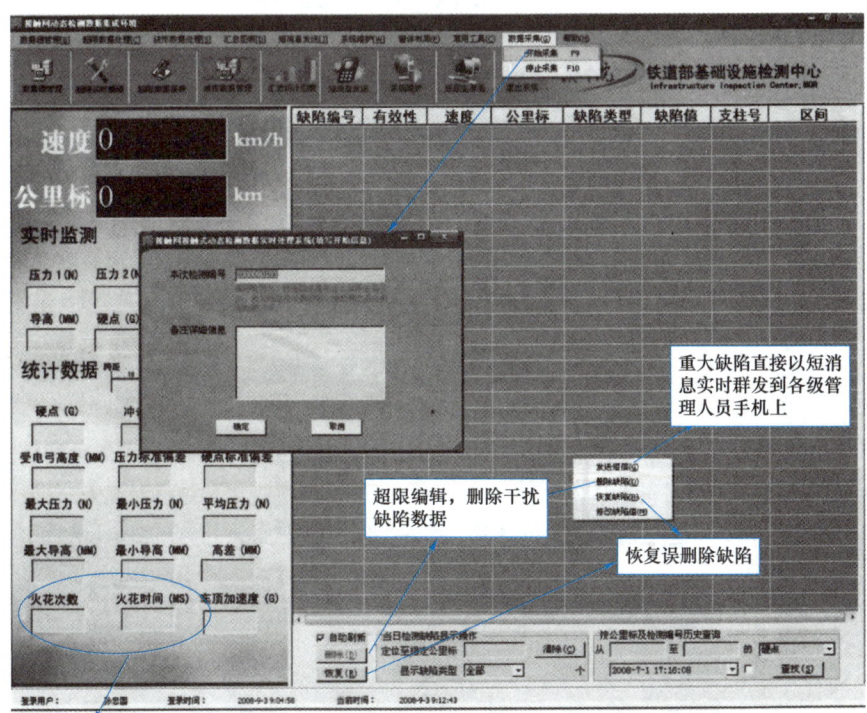

图 3-27　接触网动态检测数据集成环境数据分析处理界面

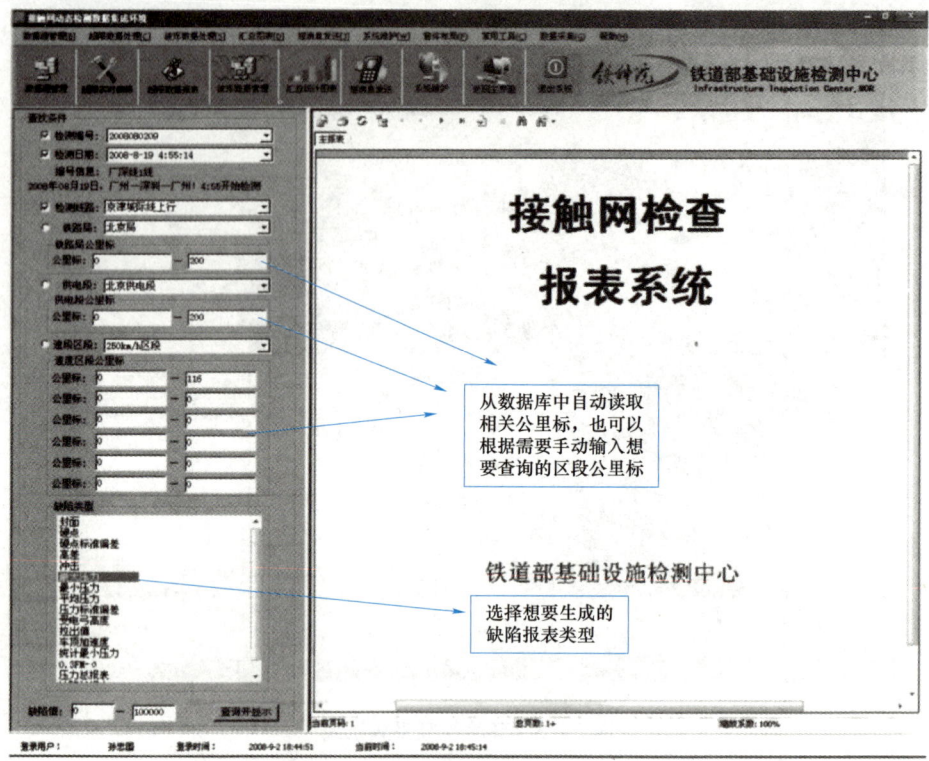

图 3-28　接触网动态检测报表系统

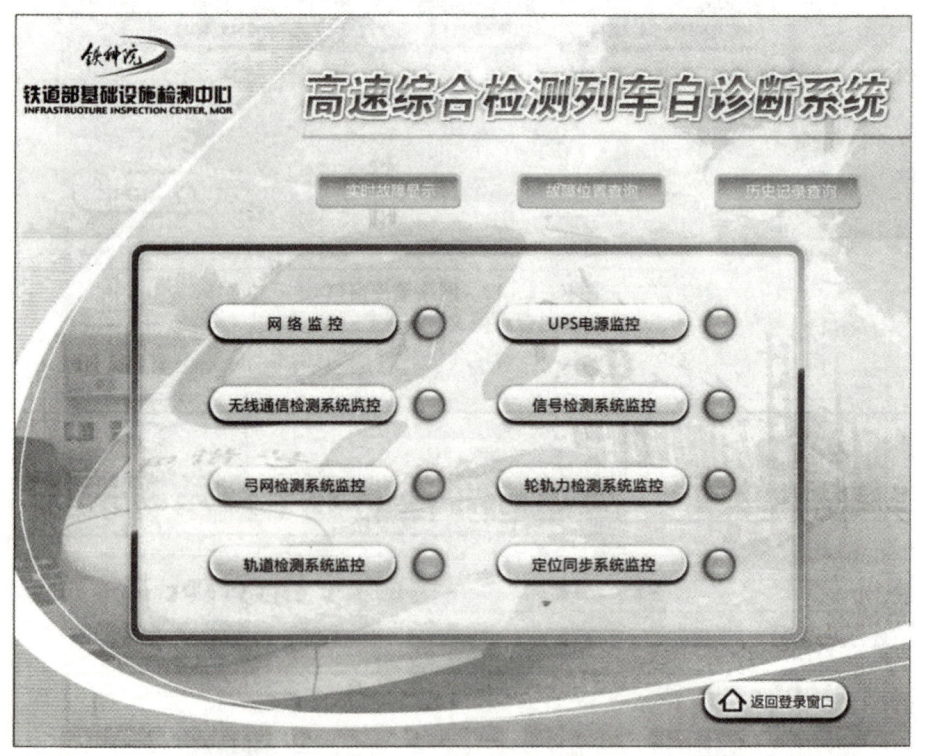

图 3-29　0 号高速综合检测列车自诊断系统

模块 3　高速铁路动车组

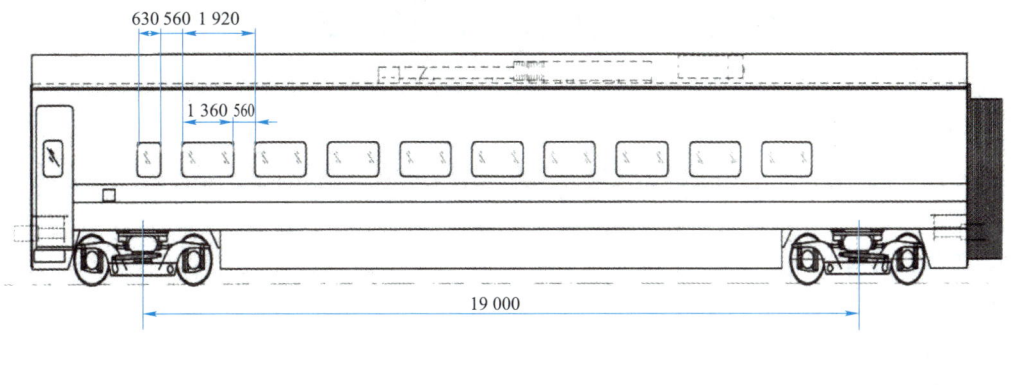

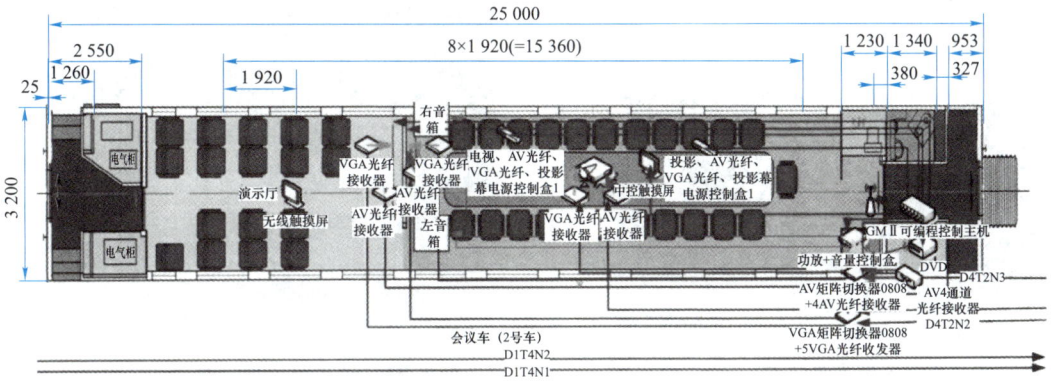

图 3-30　2 号车多媒体显示系统布置图

图 3-31　0 号高速综合检测列车多媒体显示系统

资料来源：侯卫星. 0 号高速综合检测列车[M]. 北京：中国铁道出版社，2010.

任务 3.4　认知动车组技术特点

动车组需要维持在 200 km/h 以上的速度运行，因此在满足铁路限界的条件下，应具有良好的空气动力学性能、轻量化的车体结构、较好的密封性能、强大的动力，以及其他一些特殊的功能。

1. 流线型车体

相比一些普速机车车辆呈方形的外形（见图 3-32），动车组整体采用流线型设计（见图 3-33），这是因为列车高速运行时会有以下空气动力学问题。

图 3-32　采用方形车身的 DF_{4C} 型内燃机车（适合牵引货运列车与低速客运列车）

图 3-33　动车组采用流线型头型设计

1）运行时列车的表面压力

风洞试验表明，列车高速运行时产生的表面压力可分为三个区域：

（1）头车鼻尖部位正对来流方向为正压区。

（2）从头车鼻尖向上及向两侧，正压逐渐减小变为负压，到接近与车身连接处的顶部与侧面时，负压达最大值，这部分为负压区。

（3）头车车身、中间车和尾车车身为低负压区。

2）会车时列车的表面压力

当一列车与另一静止不动的列车会车时，以及两列等速或不等速相对运行的列车会车时，将在静止列车和两列相对运行列车一侧的侧墙上引起压力波（压力脉冲）。

3）通过隧道时列车的表面压力

列车在隧道中运行时，将引起隧道内空气压力急剧波动，因此，列车表面上各处的压力也呈快速大幅度变动状况。此外，列车高速通过隧道时，在隧道中所引起的纵向气流速度约与列车速度成正比。如果此时隧道中有工人施工，列车风将使道旁的工人失去平衡，将固定不牢的设备吹落在隧道中。

4）列车风

当列车高速行驶时，在线路附近产生空气运动，这就是列车风。当列车以 200 km/h 速度行驶时，根据测量，在轨面以上 0.814 m、距列车 1.75 m 处的空气运动速度将达到 17 m/s（61.2 km/h，七级风力），这是人站立不动能够承受的风速。当列车以这样或更高的速度通过车站时，列车风将给铁路工作人员和旅客带来危害。

所以，动车组车体采用流线型设计，车厢连接处采用橡胶大风挡（风挡对比见图 3-34、图 3-35），车底设备内藏，可以有效减少空气阻力和压力波带来的不利影响，提高列车运行的稳定性。与其对比的普速列车车底设备见图 3-36、图 3-37。

图 3-34　普速客车车厢连接处的风挡
（风挡较小，高速运行时容易产生涡流）

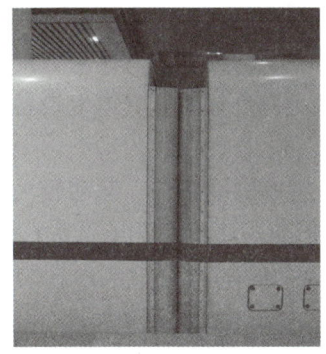

图 3-35　动车组车厢连接处采用橡胶大风挡
（与车身保持平齐，避免形成空气涡流）

图 3-36　普速列车车底设备外露

图 3-37　25T 系列普速客车的裙板

注：裙板与车身横断面形状相吻合，以遮住车下设备，减少空气阻力，也可防止高速运行引发强烈的气流带来的砂石或其他物体击打车下设备。

2. 车体轻量化

列车高速运行时，随着轴重的增加，钢轨承受轮载而产生的轮轨接触应力、轨头内部的剪切应力、局部应力和弯曲应力将相应增加，同时疲劳荷载作用下的应力水平也将随之提高，从而大大缩短钢轨的使用寿命。

高速铁路动车组车体结构轻量化，除了降低高速运行所引起的动力作用对线路结构、机车车辆结构的损伤之外，还能节省牵引功率。车体轻量化的手段有以下几种。

（1）选取轻量化车体材料。轻量化车体材料主要有耐候钢车体、不锈钢车体、铝合金车体等。

（2）车内设备轻量化。车内设备重量约占列车总重量的20%，轻量化具有重要意义。车内设备如门、窗、行李架、座椅、供水设备、卫生设备等，均可选用轻合金或高分子工程材料和复合材料。

（3）其他设备轻量化。例如牵引电机，中国于2014年研发出了永磁同步牵引电机。TQ-600高速动车组永磁同步牵引电机与现有的YQ-365高速动车组异步牵引电机相比，在不增加电机重量的情况下，单台电机功率由365 kW提升至600 kW，同样的电机重量，功率提升1.27倍，效率提高3%以上。一组原来需要6动2拖的列车，在装备了永磁电机后，只需要采用4动4拖，不仅降低了牵引系统的成本，还能降低车体重量，节约运营成本。

3. 分散动力

传统的机车车辆模式，动力设备集中在机车上。动车组的动力配置有两种方式，一种是动力集中式，另一种是动力分散式。动力集中式动车组将动力设备与配套电气设备集中安装在列车两端的车辆上；中间的车辆仅载客，无动力。一般用化石燃料作为动力，也有部分动车组采用电力驱动。动力集中式动车组的动力装置对整车的控制能力差，起动较慢，坡道起步困难。例如NDJ_3型"和谐长城号"内燃动车组，动力集中在头尾车，中间7节车厢无动力，最高速度仅为160 km/h（见图3-38）。此外，还有液力传动的动力集中式内燃动车组（见图3-39）。已经进入中国铁道博物馆的"中华之星"动力集中式电力动车组，曾于2003年创造过321.5 km/h的中国铁路速度纪录（见图3-40）。

图3-38　NDJ_3型"和谐长城号"动力集中式电传动内燃动车组

图3-39　原神华集团（现国家能源集团）NYJ_1型液力传动动力集中式内燃动车组

动力分散式动车组将动力设备与配套设备分散安装在各节车辆底架，所有的车辆均可载客。动力分散式动车组列车起动快，坡道起步更容易，但是对整车电气设备的同步控制要求较高，检修较为复杂。

中国目前使用的所有高速动车组都是动力分散式，用"M"表示带动力的车厢，用"T"表示不带动力的车厢。例如CRH380B采用"四动四拖"的动力配置模式，可以用"4M4T"表示，也可以表示为"M+T+M+T+T+M+T+M"。CRH380AL更是采用了"14M2T"的动力配置，仅头尾车无动力，中间14节车厢均有动力，这使得CRH380AL总功率超过20 000 kW。2010年12月3日，在京沪高速铁路枣庄至蚌埠间的先导段联调联试和综合试验中，达到了486.1 km/h的速度，创造了中国铁路速度新纪录（见图3-41）。

图3-40 已进入中国铁道博物馆的"中华之星"动力集中式电力动车组

图3-41 创造了中国铁路第一速度486.1 km/h的CRH380AL

4. 电力驱动

中国的高速动车组均采用电力驱动，原因有以下几点：

（1）动车组所需功率较大。蒸汽机车热效率低、续航短，已经淘汰（见图3-42）。内燃机车虽然有一定的热效率，但是功率提升有限。因此采用电力驱动，能够获得更大功率。例如HXN_5型内燃机车为中国目前功率最大的内燃机车，但是其功率仅为4 500 kW（见图3-43）。而中国第一代电力机车SS_1型的功率就已经达到了3 780 kW（见图3-44）。

图3-42 蒸汽机车

图3-43 HXN$_5$型内燃机车

图3-44 SS$_1$型电力机车

（2）采用电力驱动，在制动时可以采用"再生制动"方式，将动能转化为电能，返回至电网，可供区域内其他动车组使用，从而节省大量能源。

（3）内燃机车提手柄时黑烟滚滚，污染空气，并且还会喷火，容易烧坏接触网（见图3-45）。采用电力驱动，可以减少污染物的排放，保护生态环境。

图3-45 ND$_5$型内燃机车

课程思政与铁路文化

蒸汽机车

蒸汽机车使用煤作为燃料，将水加热成蒸汽，形成一定的压力，推动活塞往复运动，通过连杆驱动动轮带动列车运行。蒸汽机车结构较为简单，但是热效率低、污染大、操纵要求较高、驾乘环境较差，因此已经被淘汰，仅有个别厂矿企业使用，也有部分旅游景点使用蒸汽机车开展影视拍摄和铁路文化旅游（见图3-46）。

图 3-46　铁法能源蒸汽机车旅游节现场

5. 转向架减振

为了保证列车高速运行时状态平稳，除了要采用空气弹簧对垂向振动进行更加高级的处理之外，还要处理一类特殊的振动——蛇行运动。

在日本新干线开通前进行高速试验时，试验列车速度超过 200 km/h 后，左右车轮突然发生剧烈的大幅度的左右振动，列车就像一条蛇一样左右蠕动前进，这就是蛇行运动。蛇行运动发生时，试验车辆的车体左右振动加速度是正常运行时的 10 倍以上，转向架以 4 Hz 的频率呈有规则的波形振动。同时，车轮对轨道的横向压力约达 80 kN，轨道严重损坏，列车极有可能脱轨。由轮对的蛇行运动而引起转向架和车体在横向平面内的振动，就称为转向架蛇行运动和车体蛇行运动。

一般来说，低速车辆，如货车和运行速度在 120 km/h 以下客车的转向架可以通过弹簧减振（见图 3-47），运行速度在 120 km/h 以上客车和动车组的转向架一般要采用空气弹簧减振（见图 3-48、图 3-49）并加装抗蛇行减振（见图 3-50）。

图 3-47　货车的转向架
（仅使用弹簧垂向减振）

图 3-48　25T 型客车 CL242-K 型转向架
（使用空气弹簧垂向减振，还加装了抗蛇行减振）

图 3-49　高速动车组转向架采用空气弹簧减振

图 3-50　CRH1E-1229 转向架的空气弹簧减振和抗蛇行减振

6. 动车组密封技术

当列车以 200 km/h 以上的速度交会或者进出隧道时，将会产生剧烈的气压变化，这种变化会对人的生理产生极大的影响。1966 年，日本利用气密室进行了压力变动与耳鸣关系的试验，获得了舒适度临界线。结果表明气压变化越剧烈，人体感觉越不舒适（见图 3-51）。

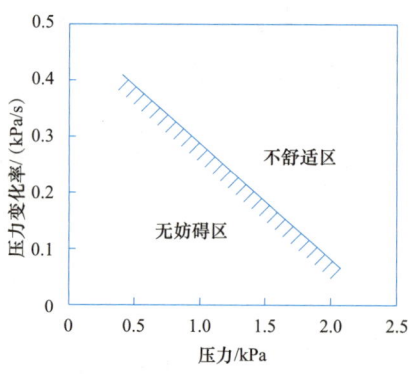

图 3-51　耳鸣舒适度指标

资料来源：铃木浩明，高魁源. 车内压力波动引起耳鸣的研究[J]. 国外铁道车辆，1999，36（5）：15-18.

因此，动车组要具备良好的密封性。根据《200 km/h 及以上速度级列车密封设计及试验鉴定暂行规定》：整车落成后的密封性能试验，要求达到车内压力从 3 600 Pa 降至 1 350 Pa 的时间须大于 18 s；车体结构的密封性能要求压力从 3 600 Pa 降至 1 350 Pa 的时间须大于 36 s；组成后的车窗、车门、风挡应能在 ±4 000 Pa 的气动载荷作用下保持良好的密封性。

动车组密封技术主要体现在以下方面。

（1）车体结构采用连续焊缝以消除焊接气隙；对不能施焊的部位，必须用密封胶密封。

（2）采用固定式车窗，车窗的组装工艺要保证密封的可靠性和耐久性，同时保证在压力波造成的气动载荷下（中国规定±6 000 Pa）不会发生变形和损坏。

（3）侧门采用密封性能良好的自动车门；头、尾车的端门要采用可充压缩空气的橡胶条；通过台风挡采用橡胶大风挡，并注意处理好渡板处的密封问题。

（4）空调设备设立压力控制，如在客室进、排气风口安装压力保护阀等。

（5）厕所、洗脸间的水要通过密封装置排到车外，对直通车下的管路和电缆孔应采取必要的密封措施。

由于动车组的密闭结构，中国铁路规定禁止在动车组内任何部位吸烟。

7. 真空集便器

中国普速客车的卫生间和餐车的污水大多采用直排式（见图3-52）。直排式厕所主要有以下危害。

（1）污染环境。铁路环保部门曾对直排式厕所污染问题进行过专题调查，发现铁路线路路基、道床、枕木上长期粘有大肠杆菌、蛔虫卵等，属于"强度"或"中强度"污染。特别是2003年春中国大范围流行SARS之后，国民环保意识加强，相关部门已关注铁路客车污染问题，要求铁路部门尽快拿出解决方案。

（2）腐蚀铁路装备。随着铁路客车速度不断提高，车下转向架、制动缸、配电器、塞拉门脚蹬等部位受污物酸性腐蚀较严重，大大缩短其使用寿命。同时，列车高速运行时污物雾化后飞溅到车门、车窗上，影响客车外观。此外，污物直排还加快了钢轨、转辙机、信号机等铁路地面设备的腐蚀和损坏速度（见图3-53）。

（3）旅客如厕不便。为了保护环境卫生，使用直排式厕所的旅客列车在进入大城市、大型桥梁和停车时会锁闭厕所，这给旅客带来不便。

为了解决直排式厕所带来的一系列问题，真空集便器应运而生（见图3-54）。当旅客如厕完毕按下冲水按钮后，真空集便器产生负压的同时使用150 mL左右的水冲洗便池，在压力的作用下，污物被吸入车厢下部的集便箱内。待车辆进入具备吸污能力的车站或者进入客技站、动车运用所整备时，将污物抽入城市污水网（见图3-55）。

真空集便器彻底避免了列车厕所对铁路沿线的污染及对金属物品的腐蚀，避免了车下噪声从厕所向车上传递，避免了异味扩散，减少了冲洗用水，绿色环保，还方便了旅客的旅行生活。同时，集便器也解决了动车组的密封性问题（见图3-56）。

图3-52 普速客车直排式厕所的导便筒

图3-53 列车厕所废水直排铁路

图 3-54 越来越多的普速客车加装集便器

图 3-55 南通站固定式卸污设备（加圈的箱子）

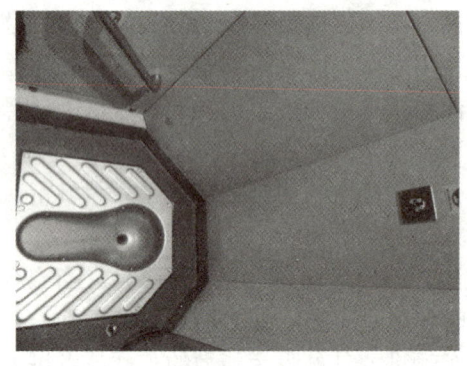

（a）蹲式

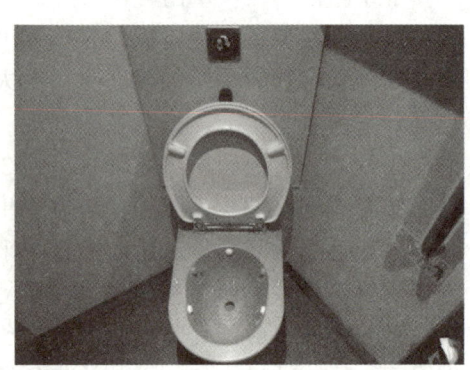

（b）坐式

图 3-56 带真空集便器的动车组厕所

8. 电子显示屏

普速客车采用列车方向牌，俗称"水牌"，向乘客提供该车的车次及发到站信息。中国最初的水牌为木质，因木质水牌易腐烂，不易长久保存，后改用铁质水牌。铁质水牌表面搪瓷，保存较为长久。铁质水牌通过锁扣固定在列车车身上。有时候为了提高效率，或者两端始发站均无列车整备能力时，则对列车进行套跑。例如，连云港地区没有列车整备能力，上海铁路局担当的一部分终到连云港东的列车就需要套跑连云港东到徐州的短途列车。如果该列车需要套跑，则需要制作多块水牌，更换担当车次时将原水牌用三角钥匙取下，更换为套跑车次的水牌。铁质水牌制作成本较高，表面搪瓷较为麻烦（见图 3-57）。2010 年，由于铁质水牌没有锁紧，郑州铁路局担当的 K909 次列车在与动车组交会时，铁质水牌被交会产生的气流掀起飞出，砸坏动车组。此后，全路逐步淘汰铁质水牌，改用纸质水牌，使用高强度不干胶粘贴在列车车身上。纸质水牌制作成本低，方法简单，但是由于粘贴在列车车身上，涉及套跑的时候，无法更换，只能将多趟列车信息印制在同一块水牌上（见图 3-58）。动车组交路复杂，担当车次多，使用传统的水牌，将会造成乘客分辨不清车次信息的情况。因此，动车组采用电子显示屏，提供车速、车次、始发站、终到站、沿途停靠站，以及广告、宣传标语等服务信息（见图 3-59）。

图 3-57　铁质搪瓷水牌

图 3-58　印制多趟列车信息的水牌

（这样的水牌，你能看得懂这列车是开往哪里的吗？）

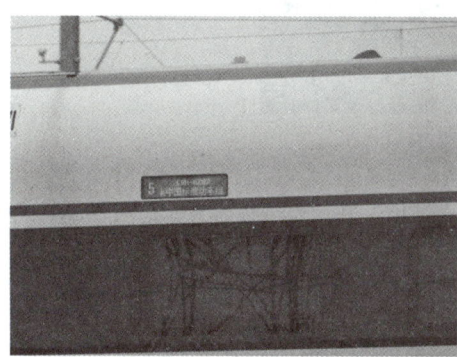

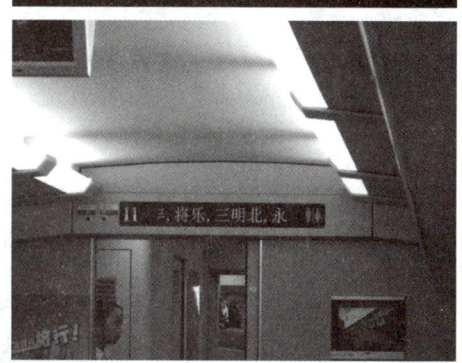

图 3-59　动车组采用电子显示屏提供担当车次及始发站、终到站信息

任务 3.5　认知动车运用所

动车运用所是动车组进行日常运用维修的场所，应设置在路网客运中心和始发终到客流较大的地区，其设置、建设、维护应符合相关规范、规定，满足快速检修、安全可靠、高效运营的技术要求。运用整备包括车体外皮洗刷；车体内部清扫、消毒、卸污；上水、上砂和餐饮备料，以及其他客运整备作业。动车运用所应合理配备以下基本设施设备：

（1）基础设施设备：检查库、临修库、洗车机（库）、检查地沟、人工清洗线、融冰除雪设施、三层作业平台、轨道桥、地面电源、安全监控系统、真空卸污系统、动车组管理信息系统、立体仓库、上水设施、空压机间等。

（2）检修设施设备：不落轮镟车床、转向架更换设备、公铁两用车（见图3-60）、除尘设备、头车检修平台、转轮器、救援用悬轮装置等。

图3-60　遥控牵引车

注：若接触网无电，需要使用遥控牵引车将动车组牵引至指定位置。

（3）检测设施设备：轮对故障动态检测系统、受电弓动态检测系统、作业监控评价管理系统、动车组运行故障动态图像检测系统、移动式空心车轴探伤设备、在线移动式轮辋轮辐探伤设备、便携式空心车轴探伤设备、便携式轮对轮辋探伤仪、42 kV 耐压试验设备、油样化验设备等。

动车运用所主要分为如下区域：存车场（见图3-61）、洗车线（见图3-62）、不落轮镟库（见图3-63）、检修库（见图3-64）、办公区等。

图3-61　南京南动车运用所存车场

图3-62　南京动车运用所洗车线
（正在进行CRH2C洗车作业）

图3-63　动车运用所镟轮作业

图 3-64　南京南动车运用所检修库

动车组在运用所内的作业流程一般为：入段—存车库—轮对踏面检测—存车库—段内走行线——、二级修库内作业—外皮清洗—存车库—出段。

动车组镟轮作业的作业流程为：接受作业指令—存车库/场—镟轮作业—存车库/场。

目前，全路 18 个铁路局集团公司都设有动车运用所。

任务 3.6　认知动车组运用交路与检修

相比普速列车，动车组速度更快，车底周转时间更短。目前来看，高效、合理地运用、检修动车组，是满足日益增长的高速铁路客运需求的前提条件。

1. 动车组运用交路

相对于普速列车，动车组运用交路更加复杂。这是因为普速客车机车车辆相对独立，机车交路与客车车底交路有两套不同的体系。而动车组无法拆分，这就要求长途动车组须具备适应长交路的要求，短途动车组则要求折返时间不能过长。此外，动车运用所有限，例如，上海铁路局最初仅有上海、南京、杭州、合肥等四个省会城市设置动车运用所（随后增建徐州东、南通等动车运用所），而开行始发动车组的有徐州、淮南、苏州、无锡、常州、宁波、温州、苍南、江山、衢州、黄山、芜湖、安庆、宜兴、张家港、阜阳西，等等。南昌铁路局曾经仅有南昌、福州两个省会城市设置动车运用所（后来增建厦门北、龙岩等动车运用所），而南昌铁路局婺源、漳州、龙岩、泉州、莆田、厦门、福鼎、武夷山、九江、萍乡等地都要开行始发动车组。这就要求在增建动车运用所的同时，动车组运用交路要既能满足旅客的出行需求，也要确保动车组整备维修任务顺利完成。目前动车组运用交路主要有以下几种模式：

（1）长途往返模式。适用于单程超过 1 000 km 的动车交路，既有当日往返，也有当日去、次日返回（见图 3-65）。

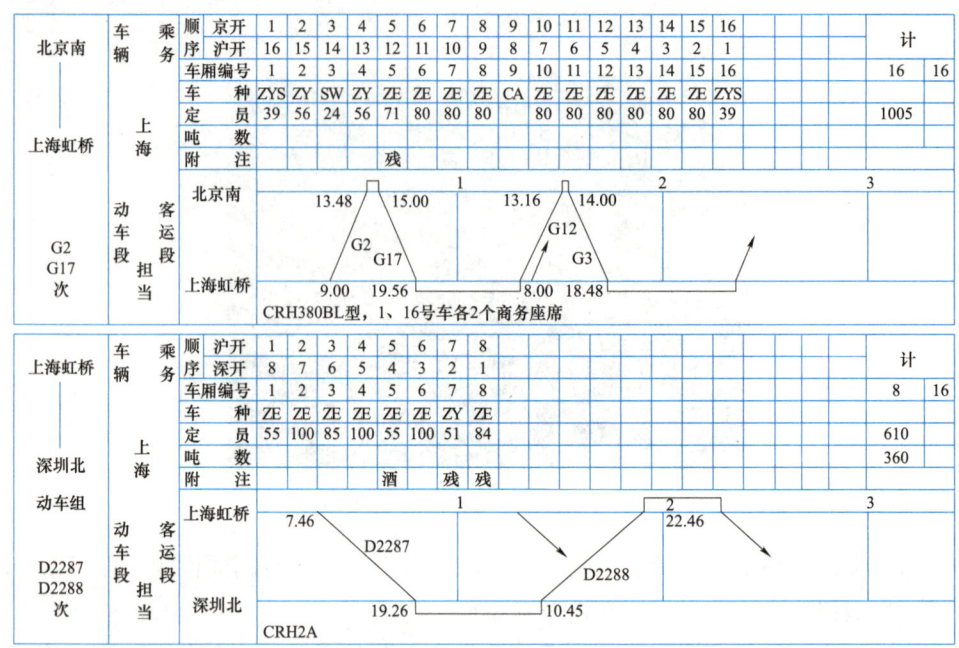

图 3-65　长途往返模式

（2）长途套短途模式。为充分发挥运能，满足短途旅客需求，一些始发较晚或者终到较早的长途动车组往往套跑短途交路（见图 3-66）。

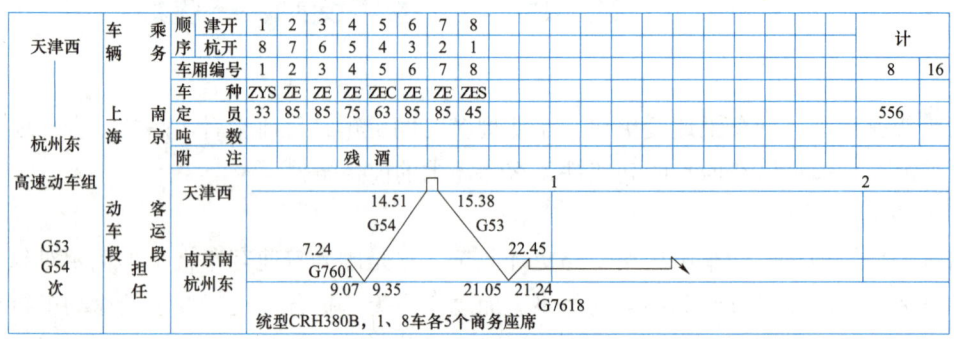

图 3-66　长途套短途模式

（3）城际模式。这种模式的动车组往往固定跑某一条短途城际线路（见图 3-67）。

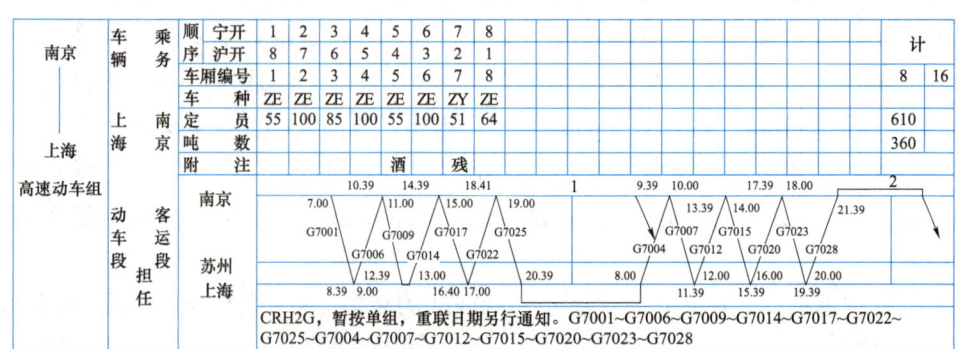

图 3-67　城际模式

（4）混合模式。为了满足更多车站开行始发列车，一些动车组交路套跑较为复杂，涉及多条线路，其中以上海铁路局最为典型（见图 3-68）。

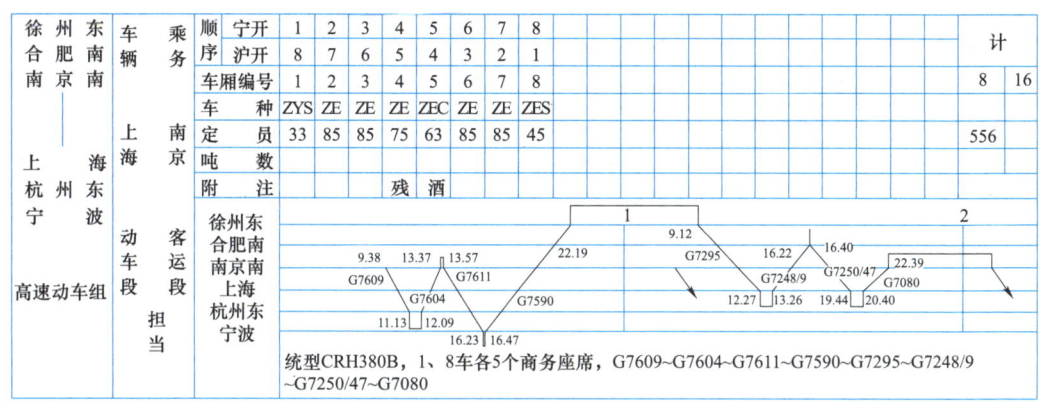

图 3-68　混合模式

资料来源：上海铁路局关于实行 2016 年 "1·10" 旅客列车调整运行图的通知（上铁运函〔2015〕1573 号）。

此外，在部分较大规模的车站或动车运用所，还设有热备动车组。当有营业中的动车组出现故障时，热备动车组前去接续故障动车组的旅客完成剩余的旅程。热备动车组在动车组营业时段，将设备通电，工作人员随时待命，只要有故障动车组无法完成后续动车组交路，热备动车组随时准备出发。以上海铁路局为例，在合肥南动车运用所、南京南动车运用所、南京动车运用所、虹桥动车运用所、杭州动车运用所、温州南客整所、徐州东动车运用所等地存放热备动车组。

2. 动车组检修

动车组实行计划性预防修的检修体制，分为五级修程。一、二级检修为运用检修，在动车运用所内进行；三、四、五级检修为高级检修，在具备相应车型检修资质的检修单位进行。一级检修是对运用动车组的车顶、车下、车体两侧、车内和司机室等部位实施快速例行检查、试验和故障处理的检修作业，须在动车运用所检查库内实施。动车组一级检修可采用无电（可接外接电源）—有电或有电—无电—有电作业模式。工作人员进行动车组一级检修时，短编（8 辆编组）由 1 个作业小组实施，长编（16 辆编组）由 2 个作业小组实施。备用动车组累计备用时间超过 48 h、检修动车组修竣后、上线运营前须进行一级检修。

二级检修是对动车组各系统、零部件实施的周期性维护保养、检测、试验。二级检修项目允许按二级修维修卡片规定的检修周期延后 10% 组织施修（有调整检修周期范围的除外）。

高级检修间隔不超过一个三级检修周期。

延伸阅读　机车车辆运用

1）机车交路

普速铁路机车交路指的是指定配属、指定型号的机车所行驶的路线。目前，机车交路有肩回运转制、双肩回运转制、半循环式运转制、循环式运转制、环形运转制五种（见表 3-1）。随着和谐系列大功率机车的普及，机车交路采取"机车长交路，中途更换司机"的形式。例如西宁—合肥的大多数旅客列车，西安—合肥间由西安机务段 HXD_{3D} 型电力机车担当，西安—南阳、南阳—信阳、信阳—合肥间分别由西安、江岸、合肥机务段机车乘务员标准班值乘。上海南—赣州的旅客列车，上海南—赣州间由上海机务段 HXD_{1D} 电力机车担当，上海南—金华间由杭州机务段机车乘务员标准班值乘，金华—吉安、吉安—赣州间分别由鹰潭、向塘机务段机车乘务员值乘。机车由配属的机务段按照一定的里程或者使用年限进行修理。

表 3-1　机车交路类型

类型	含义与示意图	案例
肩回运转制	机车牵引列车往返运行，即由机务段所在车站 A 牵引列车行至机务折返段或者其他机务段所在的编组站/区段站 C 整备，再牵引反方向列车由 C 站运行到 A 站，回本段整备	鹰潭机务段 DF_{4D}、DF_{11} 型机车担当鹰潭—南京客运交路
双肩回运转制	机车在两个相邻的交路上交替运行，在其中的每一个交路上进行一次往返牵引作业后，即开进机务段整备。机车出段后，由 A 站牵引列车到达 B 站，整备后，牵引反方向的列车回到机务段所在站 A，回机务段整备，再由 A 站牵引列车运行至 C 站，整备，由 C 站牵引列车运行至 A 站	南京东机务段 DF_{11} 型机车担当南京—南昌、黄山、盐城、南通等地客运列车交路
半循环式运转制	机车牵引列车担当相邻的两个交路，到达本段所在站时，只在一个运行方向上入段。机车由机务段所在站 A，牵引列车到达 B 站，换挂另一列反方向运行的列车，由 B 站运行到 A 站后，机车继续牵引本列车运行到 C 站，第三次挂反方向运行的列车，再回到 A 站后，摘车回段整备	石家庄电力机务段 SS_4 改型机车担当太原北/阳泉—石家庄（西）—青岛西/黄岛煤炭直通列车交路，往青岛西直通，往太原在石家庄（西）换机车
循环式运转制	在半循环式运转制的基础上，在 A 站停留或者通过，直到需要进行检修整备时才回段	朔黄铁路本线万吨煤炭列车机车神池南—肃宁北（本段）—黄骅港交路
环形运转制	肩回运转制基础上，至对方站后不整备，立即挂上反方向列车至本段所在站，继续挂车再次去对方站，如此往复几次后方可回段整备	南京东机务段 ND_5 型机车担当南京北—海安县货运交路

查一查：中国普速客车和普速货车最长的机车交路是从哪里到哪里？

2）普速旅客列车交路

普速旅客列车的修理类似机车，由指定的配属车辆段，按照五级修程进行检修。因此普速旅客列车的运用交路，一般设有客技站，具备客车检修能力的始发站和终到站往返运行。当一些车站不具备客车整备能力时仍要开行始发车，要么客车立折，要么长途套跑短途，或者使用其他客车套跑。例如，上海铁路局连云港东站，虽然位于铁路尽头，但是未设立客技站，不具备客车整备能力，因此连云港东始发的客车，第一种是其他铁路局的车在连云港东折返，第二种是由上海铁路局合肥车辆段徐州车间担当，客车在徐州整备检修，第三种是使用其他客车套跑（见图3-69）。

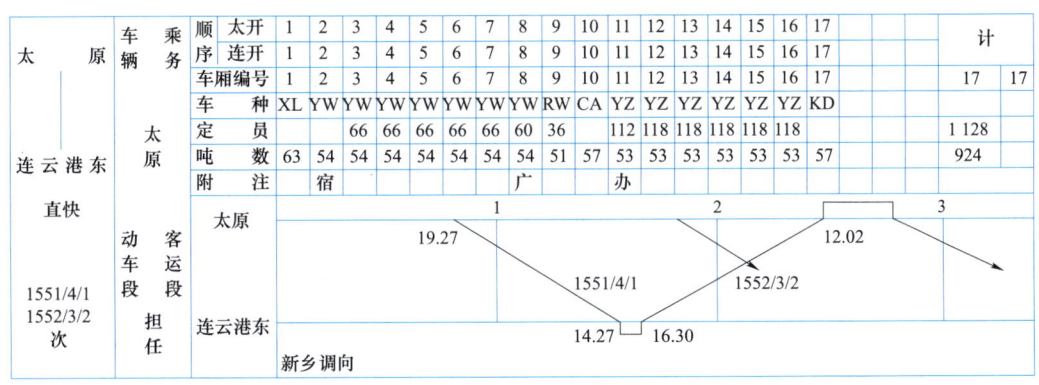

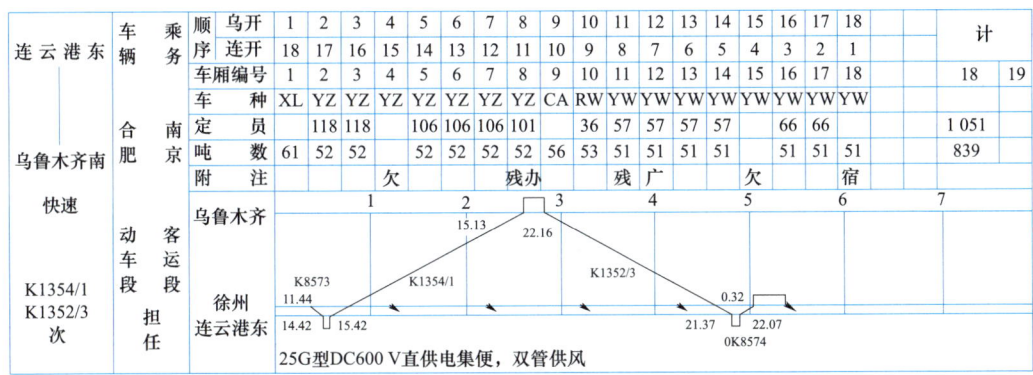

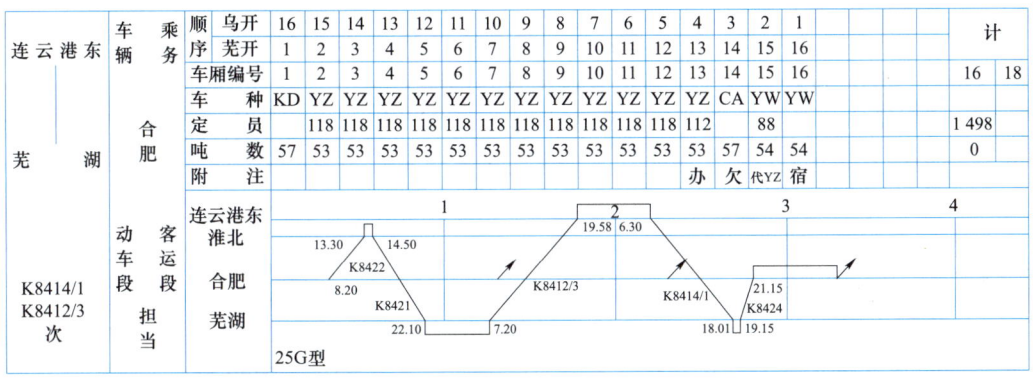

图3-69　连云港东站三种不同套跑方式

资料来源：上海铁路局关于实行2016年"1·10"旅客列车调整运行图的通知（上铁运函〔2015〕1573号）。

3）普速货物列车检修

普速铁路货车数量多、车型杂、流动性大、运用条件参差不齐，因此不固定配属某个检修机构，而是随走随检，走到哪里，就由那里的货车车辆段负责检查和一般维修。当在某一地达到检修里程或者检查出故障无法继续运营时，则安排就近的货车车辆段扣车大修。

铁路旅客列车编组顺序表

包括动车组在内的旅客列车，除了个别国际列车需要中途摘挂外，几乎所有的旅客列车编组都是固定的。为了直观地向各个站段提供旅客列车的信息，在编制铁路列车运行图时，各个铁路局配套制定并发布铁路旅客列车编组顺序表，具体包括以下内容。

（1）车次与始发终到站。位于旅客列车编组顺序表第一列。

（2）担当单位。位于旅客列车编组顺序表第二列，注明该次旅客列车担当乘务的车辆段和客运段。车辆段负责列车硬件设施的维护，客运段则负责旅客服务。

（3）车厢编号和顺号。第三列第三行是该次旅客列车的车厢编号。第一行和第二行注明该车由两端车站开出后，该车厢相对于机车的具体位置。车站显示屏上注明的车厢号在站台的方向，或者标明卧铺车厢及座位车厢在站台的具体位置，由车站的客运人员根据列车编组顺序表在车站广播系统或者旅客服务系统设置。

（4）车种。根据实际编组，以客车车种的代号标明。

（5）定员。根据实际编组，标明实际定员。各个铁路局客票所，以该行的定员在铁路售票系统 TRS 中设置可以发售的对号车票张数。注意：除了普速客车硬座、动车组二等座和个别旅客列车的软座之外，其他客车不可以发售无座席位。

（6）附注。注明该节客车的一些注意事项。

① 欠。该节客车实际没有编入列车，称为欠编组，也叫欠编。

② 宿。宿营车，一列长途列车如果有多个客运班组，为了确保 24 h 为旅客服务，因此设有宿营车，供不当班的列车乘务员休息。宿营车不在铁路售票系统中发售，但是可以由当班客运段列车长在列车上发售部分剩余铺位供旅客使用。

③ 广。带有广播室的客车车厢，有的客车广播室要占用席位，因此定员相应减少。

④ 办。列车办公席，用于补票及处理其他客运事项，一般设在靠近餐车的硬座车厢，需占用一定的硬座席位，因此定员相应减少。

⑤ 残。带有残疾人席位的车厢，便于残疾人摆放轮椅等设施，卫生间、洗手台等设施也要相应改造，需占用正常席位，因此定员相应减少。

⑥ 控。控轴，一些旅客列车需要担当特殊任务，被定为控轴的车厢在预售期内不发售车票，在开车前的某个时段确定没有任务时可售票。若有任务，则该节客车被摘下替换上担当特殊任务的客车。控轴车以进京列车居多。

⑦ 茶。茶炉车，是非空调旅客列车（俗称"绿皮车"）中，设置有燃煤茶炉的客车。

⑧ 代××。表示该节客车按规定替代另外一种席位，定员相应变化。

（7）客车车底周转图。表示列车的始发、终到站和相应时刻，完成一个周期所需天数，以及所需客车组数。图上每个箭头代表一组客车。如果凑不满所需的客车，则采取开行若干天、停运若干天的方案。例如，图3-69中K1354/1次列车，需要5组客车车底，若实际只有3组，则采取自始发站徐州站开始（注意：K1354/1次列车由合肥车辆段徐州车间出库，先由徐州开行 K8573 次列车至连云港东），开 3 天、停 2 天的开行方案。

（8）备注栏。注明该车车型、供电方式、是否设有集便器、制动管路数量、是否需要调整运行方向等。

课程实践

实践内容	铁路动车组
实践目标	基本目标： 1. 认识常见的铁路动车组 2. 认识典型动车组设备原理和构造 拓展目标： 了解中国动车组从引进国外技术到自主创新的历程
实践形式	1. 现场参观与讨论 2. 个人或分组汇报
具体内容	1. 现场参观 （1）上课前进行安全教育。 （2）观看动车组电气设备实训装置，观看动车组受电弓升降过程及 ADD 阀的动作过程。 （3）观看动车组车门结构及开关闭过程，讨论不同型号的动车组车门是如何保证气密性的。 （4）观看动车组全自动车钩摘挂过程。 （5）观看动车组制动实训装置，讨论动车组如何实现复合式制动。 （6）观看动车组转向架，了解动车组转向架减振手段。 （7）观看动车组车体结构三维动画。 2. 汇报 我所知道的中国曾经使用或正在使用的动车组的性能、参数及运用状况。 3. 讨论 中国的普速旅客列车，是否可以使用低速动车组替代传统机车车辆模式。
安全警示	观看实训设备时，严禁进入实训设备安全隔离区，严禁随意触碰实训设备，谨防受伤。

学习评价

评价主体	评价对象	评价结果与亮点
自我评价	1. 知识评价：对所学内容是否了解 2. 技能评价：课程实践是否顺利完成，是否养成了相应的安全习惯 3. 情感态度价值观评价：个人是否初步具备本模块内容所需要的职业素养	
其他学习者评价	1. 知识评价：对所学内容是否了解 2. 技能评价：课程实践是否顺利完成，实践过程中是否有存在安全隐患的行为 3. 情感态度价值观评价：是否初步具备本模块内容所需要的职业素养	

续表

评价主体	评价对象	评价结果与亮点
教师评价	1. 知识评价：对所学内容是否了解 2. 技能评价：课程实践是否顺利完成，实践过程中是否有存在安全隐患的行为 3. 情感态度价值观评价：是否初步具备本模块内容所需要的职业素养	
企业导师评价	1. 知识评价：对所学内容是否了解 2. 技能评价：课程实践是否顺利完成，实践过程中是否有存在安全隐患的行为 3. 情感态度价值观评价：是否初步具备本模块内容所需要的职业素养	

思 考 题

（1）动力集中式动车组和动力分散式动车组各有哪些优点和缺点？

（2）高速综合检测车可以检测哪些轨道设备？

（3）列车高速运行时，会产生哪些空气动力学问题？

（4）车体轻量化有哪些途径？

（5）使用电力驱动动车组有哪些好处？

（6）动车组动力转向架和非动力转向架由哪些部件组成？

（7）动车组密封技术体现在哪些方面？

（8）为什么动车组列车上的广播不断提示旅客"请不要向厕所内扔杂物"？

（9）在中国大规模生产运用高速动车组之前，中国曾经生产运用了哪些动力集中式动车组和动力分散式动车组？

（10）结合自身乘坐火车的体验，谈谈相比普速铁路25型客车，动车组车内设施进行了哪些更加人性化的设计。

（11）搜集并比较国内外同一时期研制的动车组技术参数资料。

（12）普速铁路旅客列车有没有必要采用速度较低的动车组以替换现在的机车车辆？

（13）以学校所在地动车运用所为例，了解动车运用所内人员安全作业走行径路和注意事项。

（14）怎样才能进一步提高动车组运用效率以满足不同距离、不同时段的旅客出行需求？

模块 4　高速铁路牵引供电

> **教学导航**

学习目标	1. 必备的知识、技能 （1）学习者能够了解高速铁路牵引供电的来源； （2）学习者能够了解铁路接触网的基本结构； （3）学习者能够识别常见的接触网支柱； （4）学习者能够了解分相的原理和形式； （5）学习者能够了解高速铁路牵引供电系统与普速铁路的异同。 2. 良好的职业素养 （1）学习者能够具备敬畏高压电的意识； （2）学习者能够主动树立接触网安全防护的意识，养成良好的接触网安全习惯。
计划学时	2 学时
学习要求	按照学习目标，通过课前思考与讨论、理论学习、实践学习、课后回顾与拓展，完成相应的学习内容，并注意个人安全。

> **课前思考与讨论**

1. 人们日常所用的电是怎样产生的，又是怎样输送到千家万户的？

2. 高速铁路、普速铁路和城市轨道交通的牵引供电，各采用怎样的制式（电压、交流电还是直流电等）？城市轨道交通能否采用与高铁一样的牵引供电制式？

高速铁路动车组采用电力驱动方式。虽然目前有些轨道交通可以采用车载储能装置供电（如现代有轨电车，见图 4-1），但是大容量、大功率的电能存储设备尚未成熟，因此高速铁路动车组供电方式仍采用外部电源供电。高速铁路的接触网要进行加强设计，以满足高速行车的需求。

图 4-1　南京河西有轨电车采用车载超级电容供电，区间无接触网

任务 4.1　认知铁路牵引供电系统

无论是高速铁路还是普速铁路，电力都来自国家电网。发电厂产生的电能通过 110 kV 或 220 kV 的高压电网输送至铁路牵引变电站（见图 4-2、图 4-3），经过降压，输送 25 kV 高压电至接触网。动车组或电力机车从接触网取电，通过车轮与钢轨接触，与回流线构成一个完整的回路。

图 4-2　宁启铁路如皋牵引变电所

图 4-3　宁蓉铁路星甸 AT 分区所

1．接触网

接触网是铁路电气化工程的主构架，是沿铁路线上空架设的向电力机车供电的特殊形式的输电线路。接触网由接触悬挂部分、支持装置、支柱和基础三部分组成（见图 4-4）。

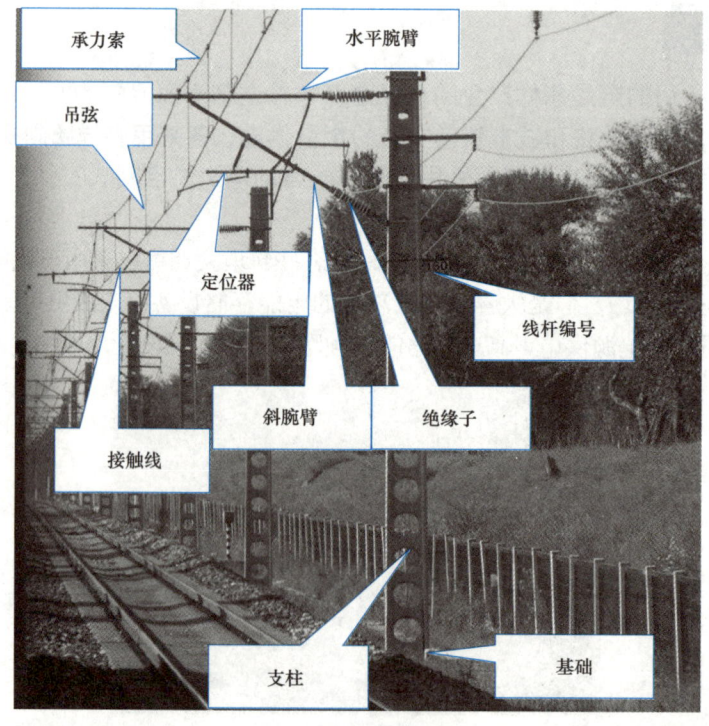

图 4-4　接触网结构

（1）接触悬挂部分，包括承力索、接触线、吊弦等。为了使接触网有足够的张力和弹性，还需要设置补偿装置。

（2）支持装置，包括腕臂、定位器等。用以悬吊支撑接触悬挂部分，并将其各种载荷传递给支柱。此外还需要设置绝缘，以保证供电安全。

（3）支柱和基础，用于承受接触网载荷。

铁路的接触网支柱种类繁多，按材质划分，可分为钢筋混凝土支柱和钢柱。其中钢筋混凝土支柱又分为横腹杆支柱（见图4-5）和等径圆柱（见图4-6）。横腹杆支柱是中国普速铁路使用较多的支柱，其成本低、便于攀爬、维护性好，但是强度不够，不能用于绝大多数高速铁路。等径圆柱强度较高，但是攀爬不易，用于普速铁路的提速区段及重载区段。钢柱又分为等径圆钢柱（见图4-7）、H型钢柱、硬横跨、软横跨（见图4-8，其中有部分软横跨为节约成本使用更高高度的横腹杆支柱）等。钢结构支柱稳定性好，强度高，但是成本高。部分钢结构支柱容易生锈，鸟类容易在一些钢结构支柱上搭巢，导致接触网绝缘性能下降引发供电事故。

图4-5　横腹杆支柱

图4-6　等径圆柱

图4-7　等径圆钢柱

图4-8　软横跨

2. 分相

包括高速铁路在内的国家铁路采用25 kV三相交流电接触网。而一条铁路的接触网并不是单一牵引变电所供应单一相位的电，而是由多个牵引变电所以20 km左右分段、分上下行形成不同的供电单元，每个供电单元是一个相位。因此，在两个供电单元之间必须将接触网的电能隔离，以防止相间短路造成供电事故。

当列车通过分相绝缘时，电力机车或电力动车组需要断开机车上的主断路器（可自动也可人工断开），此时电力机车或动车组失去动力，直供电车停止向后面的客车车厢供电，车体本身则利用强大的惯性冲过分相区后，再合上主断路器。否则一旦带着负载进入分相，会在分相区内拉出电弧导致供电事故。这就是为什么一些直供电客车的空调，每隔一段时间就要停止工作数十秒的原因，也是某些动车组在普速铁路运行或者在高速铁路低速运行时突然车内大多数灯光熄灭只留下应急照明灯光，之后数十秒恢复正常照明的原因。

分相的形式有器件式分相和锚关节分相。器件式分相较短，不到 10 m；而锚关节分相可达 500 m。如果采用直流电接触网，则无须考虑分相问题。例如，绝大多数城市轨道交通，就没有分相的说法。

任务 4.2　认知高速铁路牵引供电系统特点

高速铁路的牵引供电系统主要有以下特点。

1. 使用硬横跨与 H 型钢柱作为接触网的支柱

这是因为高速铁路运行速度快，接触网需要更高强度的支撑物。H 型钢柱强度高，并且一旦成型可以长时间免维护（见图 4-9）。对于轨道较多的车站，则使用硬横跨作为接触网支柱，确保足够强度（见图 4-10）。只有在动车运用所这类列车运行速度较慢的铁路线路，为了节约资金，才使用软横跨或者传统的横腹杆柱。此外，H 型钢柱的高强度免维护特性，越来越受到欢迎，一些普速铁路车站改造，也使用 H 型钢柱（见图 4-11）。

图 4-9　高速铁路普遍采用 H 型钢柱

图 4-10　广珠城际线小榄站硬横跨

图 4-11　苏州站普速场改造
（站内接触网支柱也采用了 H 型钢柱）

2. 更长距离的分相绝缘

高速铁路正线分相区段采用绝缘锚段带中性段方式。由于高速铁路列车运行速度快，加上动车组两受电弓之间的距离比电力机车上的长很多，为避免动车组受电弓拉电弧造成相间短路，高速铁路的分相区段比普速铁路更长。一般普速铁路正线分相区段仅有 200 m（见图 4-12）；西部山区电气化铁路为了防止列车，尤其是重载货物列车由于过分相时失去动力过久导致在分相区段停车甚至倒溜，在正线采用了器件式分相，接触网无电区段仅有数十米（见图 4-13）。高速铁路分相区段最长可达 500 m（见图 4-14）。对于设置在渡线、到发线、动车运用所的低速线路的分相区段，仍然采用普速铁路广泛应用的器件式分相绝缘方式（见图 4-15）。

图 4-12　兰新铁路分相区段
（一般在 200 m 左右）

图 4-13　成昆铁路汉源站附近的分相

图 4-14　京沪高速铁路唐山头分相（"合"字牌在远处的系杆拱桥上，该分相距离长达 500 m）

图 4-15　南京南站京沪场渡线接触网仍采用器件式分相

3. 较低的接触网高度

相比普速铁路,高速铁路接触网高度较低。根据《铁路技术管理规程》(普速铁路部分)第 202 条:接触线距钢轨顶面的高度不超过 6 500 mm;在区间和中间站,不小于 5 700 mm(旧线改造不小于 5 330 mm);在编组站、区段站和个别较大的中间站站场,不小于 6 200 mm;站场和区间宜取一致;双层集装箱运输的线路,不小于 6 330 mm。普速铁路设计的接触网高度较高,是出于货运需要,尤其是出于双层集装箱货物列车开行的考虑。

而高速铁路很少开行货物列车,因此高速铁路接触网高度可适当降低,以节约建设和运营成本。根据《铁路技术管理规程》(高速铁路部分)第 182 条:接触线距钢轨顶面的高度不超过 6 500 mm;接触线悬挂点高度不宜小于 5 300 mm,接触线最低点高度不小于 5 150 mm,站场和区间接触网的高度应一致。如果高速铁路需要开行货物列车,则需抬高接触网高度。例如,同样是高速铁路,贵广客运专线不考虑开行货车,接触网高度为 5 300 mm;而南广铁路设计开行货物列车,接触网高度为 6 500 mm。因此,贵广客运专线与南广铁路并行的三水南—肇庆东区段,接触网高度就不一致(见图 4-16)。

图 4-16 三水南站咽喉区接触网
(左为贵广客运专线,右为南广铁路)

4. 自动过分相

动车组通过分相锚段关节的方式一般有以下两种:

(1)地面开关切换方式。当动车组受电弓在分相的中性段之前和刚进入中性段时,由一相供电,然后在中性段断电 0.25~0.35 s 后切换到另一相。其优点是列车无操作,停电时间短暂,冲击及失速小;缺点是设备复杂,切换过程容易产生很高的过电压(见图 4-17)。

(2)列车切换方式。当动车组即将通过分相中性段时,接收地面应答器的过分相信号,主断路器自动断开,断电不降弓通过中性段。当通过中性段后,又接收到地面应答器的信号,列车主断路器自动合闸受电,完成了列车过分相的全过程。这种方式结构简单,地面设备安装调试简单,投资小;但是有可能造成动车组停在中性段导致失去动力。

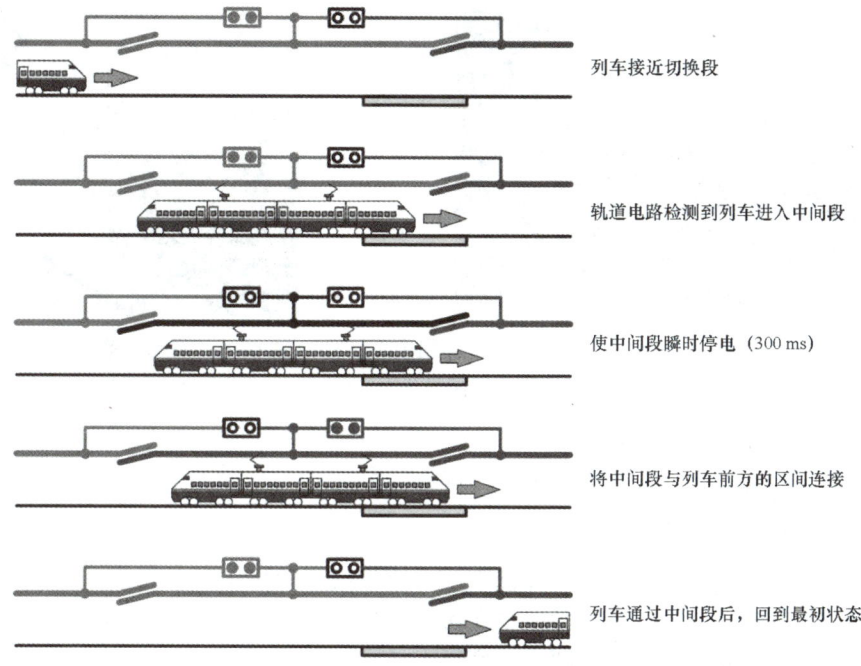

图 4-17　地面开关切换方式自动过分相

5. 弹性链型悬挂

目前世界上高速铁路接触网悬挂方式主要有简单链型悬挂、弹性链型悬挂和复链型悬挂三种（见图 4-18）。复链型悬挂仅在日本使用。《高速铁路设计规范》（TB 10621—2014）规定，高速铁路接触网悬挂类型采用全补偿简单链型悬挂或全补偿弹性链型悬挂。双弓或多弓取流时宜采用弹性链型悬挂。目前绝大多数 350 km/h 的高速铁路正线采用弹性链型悬挂（见图 4-19），而到发线以及 250 km/h 以下的高速铁路正线则采用简单链型悬挂（见图 4-20）。

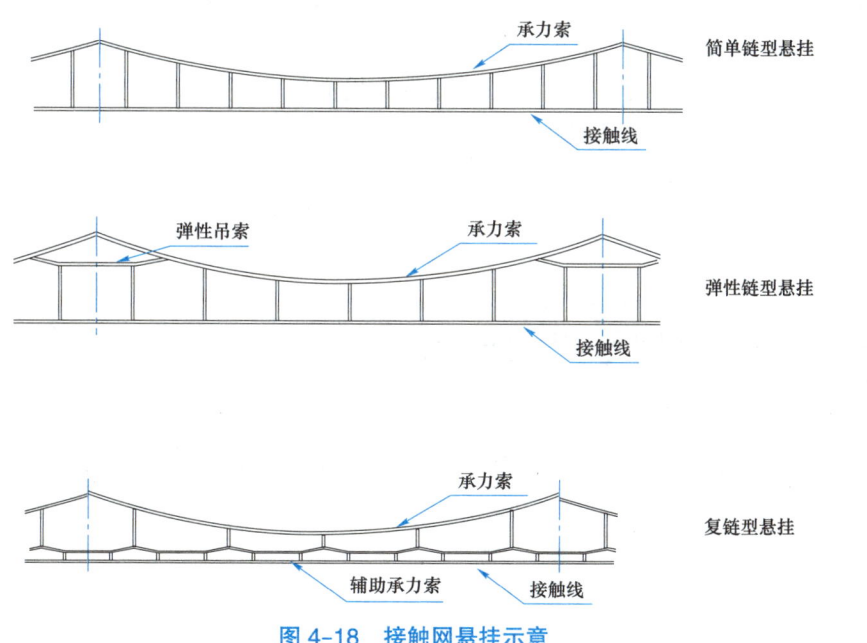

图 4-18　接触网悬挂示意

图 4-19 合福高速铁路（350 km/h）黄山北站站内正线采用弹性链型悬挂，到发线采用简单链型悬挂

图 4-20 宁安城际铁路（250 km/h）马鞍山东站采用简单链型悬挂

（1）简单链型悬挂的特点：

① 结构简单，安全可靠，安装调试维修方便。

② 适用于高速受流。

③ 定位点处弹性小，跨中弹性大，造成受电弓在跨中抬升量大。

④ 跨中采用预留弛度，受电弓在跨中的抬升量可降低。

⑤ 定位点处易形成相对硬点，磨耗大。

（2）弹性链型悬挂的特点：

① 相对于简单链型悬挂在定位点处装设弹性吊索，主要有两种形式即 π 形和 Y 形。

② 结构比较简单，改善了定位点处的弹性，使得定位点的弹性与跨中的弹性趋于一致，整个接触网的弹性均匀，受流性能好。

③ 弹性吊索调整维修比较复杂，定位点处导线抬升量大，对定位器的安装坡度要求也较严格。

6. 远程控制技术

传统的接触网隔离开关是由工作人员在铁路现场使用操作棒或者摇把操作以达到分闸合闸的目的。而高速铁路隔离开关点多线长，且部分隔离开关位于高山深谷中的桥梁甚至长大隧道内，如果仍然由人工操作，将会给调度带来极大的不便。目前，中国大部分高速铁路采用远程控制技术进行高速铁路供电的调度。牵引变电所、分区所、开闭所及接触网杆柱的隔离开关均可实现无人值守、远程控制（见图 4-21）。现在普速铁路也在推广远程控制

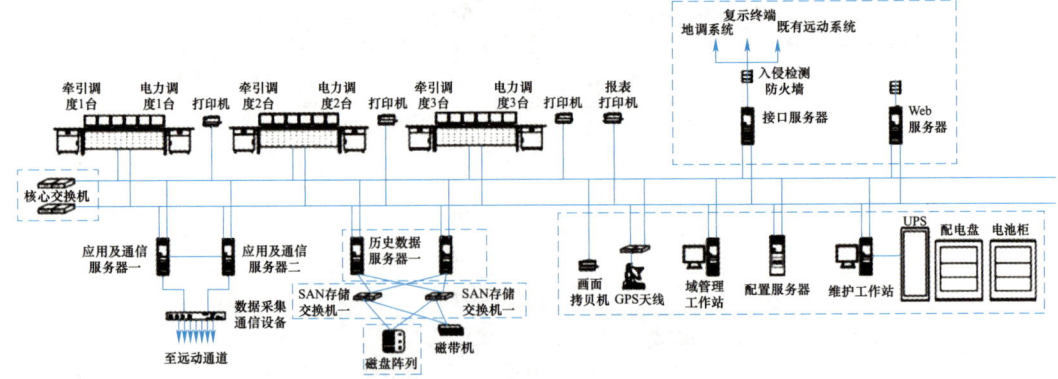

图 4-21 武广高速铁路供电调度系统配置

资料来源：王林. 武广高速铁路供电调度系统研究[J]. 铁路技术创新，2010（1）：33-35.

（见图4-22）。隔离开关远程控制，在原有隔离开关的基础上增加远动箱（见图4-23）。箱体内设有远程终端单元（RTU）和电驱动系统。箱体与调度主站之间采用光纤通信。操作员可在调度主站的计算机下达隔离开关操作指令，通过光纤传输至远程终端单元后，由远程终端单元驱动电动机控制隔离开关动作，并将动作结果返回给调度主站计算机。

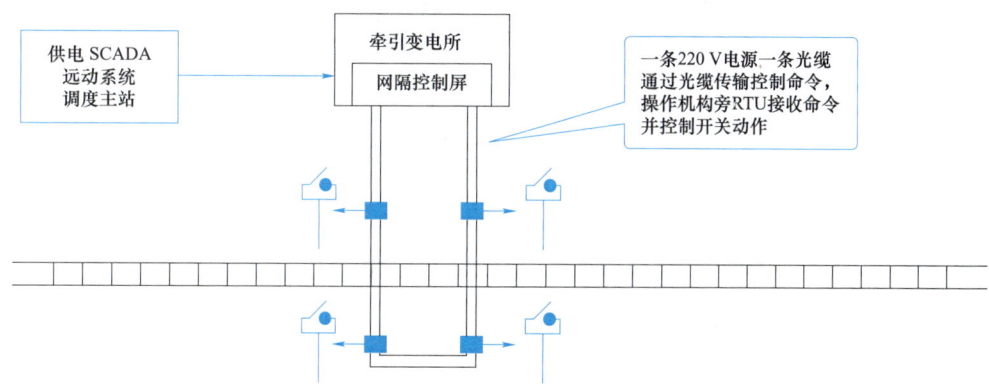

图4-22　接触网隔离开关远动控制原理示意

资料来源：李焱. 高速铁路接触网隔离开关远动控制技术的研究[J]. 电气化铁道，2015（2）：1-3.

（a）总体

图4-23　连镇客运专线接触网远程控制设备

(b)远动箱内部

图 4-23 连镇客运专线接触网远程控制设备（续）

7. 两种特殊的接触网

中国高速铁路地理环境差异很大，有些高铁线路位于强风区，而有些高铁线路则穿越大城市或者自然保护区、文物保护区，需要埋设在地下。因此，对于这两种特殊地区的高速铁路，接触网需要特殊处理。

1）整体腕臂

中国大多数高速铁路腕臂采用铝合金管组合腕臂，这种腕臂铰接点多，刚性较差，不能适应强风区的抗风要求。因此，对于强风区的接触网，采用的是整体腕臂技术。该技术引自日本新干线，具备较强的抗风能力。目前，中国海南环岛高铁、广深港高铁、广肇城际、广惠城际、兰新客运专线等容易发生强风的地区采用了这种整体腕臂（见图 4-24）。

2）刚性接触网

中国还有一些高速铁路埋设在大城市地下，或者位于自然保护区、文物保护区地下。这些地下区段高速铁路采用了类似城市轨道交通的刚性接触网。目前，京津城际铁路于家堡站（见图 4-25）和成灌铁路离堆公园—李冰广场地下路段使用刚性接触网。此外，一些动车运用所的库内也使用刚性接触网。刚性接触网是相对于传统的以接触线和承力索为核心，仅使用铜线的柔性接触网而言的。刚性接触网采用 T 形或者 π 形汇流排夹住铜制导线的结构，截面大，受流能力强，结构简单紧凑，可以减少隧道高度，节约施工和运营成本。但是刚性接触网弹性较差，不适合高速受流，因此适用于绝大多数城市轨道交通和高速铁路运行速度较低的地下路段。高速铁路地下路段通过列车如果高速运行时，仍然使用柔性接触网，例如广惠城际铁路小金口—龙丰段（200 km/h）。

图 4-24　广惠城际铁路沥林北站站内整体腕臂

图 4-25　京津城际铁路于家堡站内采用 25 kV 刚性接触网

任务 4.3　认知电气化铁路安全事项

（1）不能在电气化铁路 500 m 以内放风筝、气球等低空飘浮物体。
（2）不能攀爬接触网杆柱。
（3）不能攀爬或停留在电气化铁路列车的车顶。
（4）不能用杆状物体指向电气化铁路带电部分，应该平放通过电气化铁路。
（5）下雨天不能在电气化铁路附近打伞。
（6）不能从上跨电气化铁路的桥梁向接触网泼水、小便、乱扔杂物。
（7）如果发现接触网导线断线触地，应保持至少 10 m 的距离，并迅速报警。

课程实践

实践内容	铁路牵引供电
实践目标	基本目标： 1. 认知铁路牵引供电的原理 2. 认知铁路接触网的基本结构 拓展目标： 预测接触网未来发展趋势
实践形式	1. 现场参观与讨论 2. 个人或分组汇报
具体内容	1. 现场参观 （1）上课前进行安全教育。 （2）观看各种类型的接触网支柱和悬挂方式。 （3）观看器件式分相和锚关节分相的结构和布局。 （4）观看或亲手操作接触网隔离开关启闭过程。 （5）观看牵引变电所接线示意图，了解牵引变电所的布局与日常巡检工作。 （6）观看接触网远程控制系统。 （7）接触网安全注意事项"一口清"。 2. 讨论 未来会不会有更多的储能式机车车辆动车组面世，接触网何去何从。

安全警示	（1）禁止攀爬接触网杆柱。 （2）禁止触摸已经安装悬挂好的接触网部件及其他带电设备，必要时应悬挂接地棒，谨防触电。 （3）接触网隔离开关不可随便触碰，只有确认无外部电源送入接触网且在其他一切安全的情况下才可进行开启关闭操作。

思 考 题

（1）牵引变电所有哪些设备？

（2）根据现场观察，绘制接触网结构示意图。

（3）接触网支柱有哪些种类？

（4）为什么要设置分相？

（5）电力机车和动车组过分相时要进行哪些操作？

（6）接触网悬挂方式有哪些？

（7）现在汽车已经大量使用新型能源，例如 LNG、纯电动、混合动力等，高速动车组可不可以使用上述动力方式以摆脱接触网的束缚？

（8）为什么高速铁路接触网使用交流 25 kV 的电压，而城市轨道交通使用 600～1 500 V 的电压？城市轨道交通是否可以使用 25 kV 的电压？

（9）接触网系统使用远程控制技术有哪些好处？还有哪些值得改进的地方？

（10）除了南京，还有哪些城市的有轨电车采用了车载超级电容供电方案？

模块 5　高速铁路车站与枢纽

> **教学导航**

学习目标	1. 必备的知识、技能 （1）学习者能够了解铁路车站的类型、车站内的线路和其他相关的概念； （2）学习者能够识别、标记车站的道岔和股道编号； （3）学习者能够了解中间站的作用和办理的业务情况； （4）学习者能够了解区段站的作用、布局和办理的业务情况； （5）学习者能够识别编组站的作用、布局和办理的业务情况； （6）学习者能够了解铁路枢纽的作用和布局。 2. 良好的职业素养 （1）学习者能够具备车站作业时注意人身安全的意识； （2）学习者能够主动学习并养成车站作业一丝不苟的习惯。
计划学时	4～6 学时
学习要求	按照学习目标，通过课前思考与讨论、理论学习、实践学习、课后回顾与拓展，完成相应的学习内容，并注意个人安全。

> **课前思考与讨论**

以你熟知的铁路为例，了解这条铁路有哪些车站，这些车站站房是什么样的，办理哪些业务。

相对于普速铁路各种复杂的车站站场，高速铁路的车站站场要简单得多，但是车站的规模、形式却发生了变化。例如并站分场的客运车站，高架、地下车站，与城市轨道交通同站台换乘，等等。由于高速铁路的接入，使得原本就比较复杂的铁路枢纽更加复杂。

任务 5.1　认知高速铁路车站类型

高速铁路车站按照业务性质可分为客运站、越行站。

客运站按照办理客运量的大小分为特大型、大型、中型、小型车站。按照高峰时段高峰小时旅客发送量（P_h，单位：人）划分：$P_h \geq 10\,000$ 人为特大型站；$5\,000$ 人 $\leq P_h < 10\,000$ 人为大型车站；$1\,000$ 人 $\leq P_h < 5\,000$ 人为中型车站；$P_h < 1\,000$ 人为小型车站。

一般情况下，县城、县级市的车站为小型站（见图 5-1）；省辖市所在地的车站为中型站（见图 5-2）；直辖市、省会市所在地的车站为大型、特大型站（见图 5-3）。

此外，按照车站建造方式可分为高架站（见图5-4）、地面站（见图5-5）、地下站（见图5-6～图5-10）。

图5-1　小型站——合肥北城站

图5-2　中型站——青荣城际铁路莱阳站

图5-3　大型站——太原南站

图5-4　高架站——广珠城际铁路明珠站

图5-5　地面站——合福客运专线南陵站

图5-6　地下站——广惠城际铁路西湖东站出入口

图 5-7　广惠城际铁路龙丰站站厅层

图 5-8　广惠城际铁路西湖东站站台层
（安装全高站台门）

图 5-9　贵广客运专线龙洞堡站站台层
（未装站台门，地面为贵阳龙洞堡机场）

图 5-10　广惠城际铁路小金口站
（位于惠州火车站站前广场地下）

任务 5.2　认知高速铁路车站线路

由于高速铁路以开行动车组和普速客车为主，很少开行货车，因此高速铁路车站线路类型比普速铁路简单得多，绝大部分车站仅有正线、到发线（见图 5-11）。为了防止信号冒进，一些车站在段管线和到发线设置了安全线，将段管线与正线、到发线，或者到发线与正线隔开。一些大型客运站还设有存车线，存放热备动车组或者过夜不检修的动车组。此外，一些车站还设置综合维修工区（段管线）（见图 5-12），用来存放轨道车和其他路用车辆，以及应急救援用内燃机车。

图 5-11　龙漳铁路（200 km/h）南靖站上行咽喉　　　图 5-12　沪昆高速铁路萍乡北站
（中间为正线，两侧为到发线，4 道为安全线）　　　　　（铁门外侧为段管线）

　　某些城际铁路车站站间距较小，部分车站仅有两条正线，没有其他线路；部分车站虽然有到发线，但是正线贴着站台。因此，这些车站在靠正线的站台安装站台门。例如广珠城际铁路小榄站为珠海本线和新会支线分歧站，往珠海方向站台列车直进直出，速度可达 200 km/h，安装站台门；往新会方向列车侧向进出，速度小于 80 km/h，开通运营时未安装站台门（见图 5-13），现已安装。

　　值得注意的是，绝大多数的高速铁路车站站台门没有纳入联锁关系，也无法与车门同步开关，列车到站时由车务人员在站台门就地控制盒控制站台门的开关。随着信号技术的发展，2016 年启用的广惠城际铁路，信号采用 CTCS-2 加 ATO 模式，所有站台都装有站台门（见图 5-14），实现站台门与车门自动同步开关，且纳入联锁关系，站台门未关闭锁紧，则无法开放发车信号。京张高铁是全国首条 CTCS-3 加 ATO 模式的高速铁路，清河站、八达岭长城站、太子城站都安装有站台门且纳入联锁关系。但因目前动车组运用问题，部分列车办理客运业务时仍由车务人员在站台门就地控制盒控制站台门的开关。

图 5-13　广珠城际铁路小榄站　　　　　　　　　图 5-14　广惠城际铁路沥林北站

此外，高速铁路站台门的安装位置与城市轨道交通有所不同。考虑到列车高速通过时产生的空气压力，靠正线站台的站台门须与站台边缘保持适当的距离，而到发线站台的站台门可临近站台边缘。例如，广惠城际铁路仲恺站，仅有两股正线，站台门安装在距站台边缘 1.2 m 处（见图 5-15）；而常平东站正线不靠站台，到发线靠站台，站台门安装在距到发线站台边缘 0.2 m 处（见图 5-16）。广深港高速铁路福田段的福田站靠正线站台的站台门安装在距站台边缘 2 m 处，靠到发线站台的站台门安装在距站台边缘 0.4 m 处。相比广惠城际铁路，福田站站台门安装在距站台边缘较远处。这是因为福田站停靠车型较多，共有 7 种，车门位置不统一；而广惠城际铁路停靠车型仅有 2 种。

图 5-15　广惠城际铁路仲恺站站台门

图 5-16　广惠城际铁路常平东站站台门

> **延伸阅读**　什么是站台门？
>
> 站台门指的是安装在站台边，将轨道区域与站台区域隔离的玻璃或者其他材质制作的设备。按车站区间之间的通风形式，站台门分为全封闭式、开式和半高式。
>
> 全封闭式站台门将站台与轨道彻底隔开，在防止人员入侵轨道区域的同时隔绝轨道区域与站台区域的空气，防止车站的冷气流失，这种站台门多用于热带和亚热带地区使用空调时间较长的城市轨道交通的地下车站。广惠城际铁路龙丰—小金口段 4 个地下车站就使用全封闭式站台门。
>
> 开式站台门在门体设置通风口，利用列车运行的活塞风为车站送风，多用于温带地区使用空调时间较短的城市轨道交通地下车站。
>
> 半高式站台门高度只有 1.5 m 左右，仅仅能够保证人员安全，应用于大多数地面和高架车站。部分城市轨道交通的地下站由于条件所限也安装半高式站台门，例如南京地铁 10 号线奥体中心站及上海城市轨道交通 2 号线早期建成的路段，就安装了半高式站台门。

1. 铁路车站内的线路

根据《铁路技术管理规程》（普速铁路部分）第 32 条，铁路线路分为正线、站线、段管线、岔线、安全线及避难线（见图5-17）。

图5-17 普速铁路车站线路种类示意

正线是指连接车站并贯穿或直股伸入车站的线路。

站线是指到发线、牵出线、货物线及站内指定用途的其他线路。

段管线是指机务、车辆、工务、电务、供电等段专用并由其管理的线路。

岔线是指在区间或站内接轨，通向路内外单位的专用线路。

安全线是为防止列车或机车车辆从一进路进入另一列车或机车车辆占用的进路而发生冲突的一种安全隔开设备。

避难线是在长大下坡道上能使失控列车安全进入，利用反向陡坡或长距离曲线抵消动能的线路（见图5-18）。《铁路技术管理规程》（高速铁路部分）第33条规定，除了删除避难线外，其余与普速铁路部分一致。这是因为高速铁路运行的动车组列车制动性能较好，失控概率极低。

图5-18 避难线（宝成铁路杨家湾站）

另外，对于具有驼峰设备的编组站或区段站，还有禁溜线和迂回线。禁溜线指的是暂时存放禁止通过驼峰溜放车辆的线路，迂回线指的是由机车牵引禁止溜放的车辆绕过驼峰进入编组场或出发场的线路。

线间距是指站内或者区间两相邻线路中心线之间的最小距离。线间距的设置应该保证行车安全及作业人员安全。因此，设计线间距大小应该考虑铁路限界，相邻铁路办理作业性质，线路之间是否安装信号机、接触网支柱、上水、吸污等设备，以及列车高速会车时产生的压力波影响等。

股道有效长是指线路全长范围内可以停留列车而不妨碍邻线正常行车的部分。决定股道有效长起止范围的因素有：警冲标（未安装联锁设备）、道岔尖轨始端（无轨道电路）或道岔基本轨接头处的钢轨绝缘（有轨道电路）、出站信号机或调车信号机、车挡（尽头式线路）等。普速铁路的股道有效长决定了货物列车编组长度和运输能力。动车组长度相对固定，普速客车一般按20节编组计算，因此高速铁路车站股道有效长，取决于是否开行普速客车。

2. 车站道岔及股道编号

道岔编号，从列车到达方向起顺序编号，上行为双号，下行为单号；尽头线上，向线路终点方向顺序编号。车站划分车场时，每个车场的道岔单独编号。一个车站的道岔不得有相同的编号。

股道编号，单线区段内的车站，从靠近站舍的线路起，向远离站舍方向顺序编号；双线区段内的车站，从正线起顺序编号，上行一侧为双号，下行一侧为单号；尽头式车站，向终点方向由左侧开始顺序编号，如站舍位于线路一侧时，从靠近站舍的线路起，向远离站舍方向顺序编号。一个车站（分场时为一个车场）的股道不准有相同的编号。

对于特大型、大型客运车站，股道编号以主站房基本站台为基准，按顺序编号；划分多个车场时，各车场股道应按顺序连续编号，不按车场别单独编号。

犀 浦 站

成灌铁路的犀浦站，设计为两台四线，中间为成都地铁2号线，两侧为成灌铁路（200 km/h城际铁路），该站首次在国内实现了国铁经营的城际铁路与地方经营的城市轨道交通共站同台换乘（见图5-19）。

不过由于种种原因，笔者于2016年8月探访时，城市轨道交通无法直接换乘成灌铁路，需要出城轨站房，步行至数百米外的高铁站房，重新买票、安检、实名验证后方可乘车。而成灌铁路换乘城市轨道交通，在站台只要依次通过高铁出站闸机、站台自动购票、通过城轨进站闸机即可乘坐城市轨道交通。

自2017年7月25日起，成灌铁路犀浦站启用城轨向城际铁路同站台换乘。乘坐地铁到达犀浦站的乘客，只要提前换取纸质车票或持有中铁银通卡、铁路e卡通，在开车前15 min内就可以直接进入本站台换乘区域。为此，城轨向城际铁路换乘的站台安装了4台国铁自动售取票机、2台自助实名制核验闸机、2个人工验证窗口、7台国铁检票闸机、1个国铁人工检票通道、5 台城轨检票闸机。换乘的流程是：在地铁犀浦站下客站台区域购买国铁车票或取票—实名验证—通过地铁出站闸机—通过城际铁路进站闸机—进入城际铁路站台。

后因种种原因，犀浦站城市轨道交通换乘成灌铁路仍须出站换乘。

（a）站内

（b）全景

图 5-19　犀浦站城市轨道交通与城际铁路同站台

任务 5.3 认知高速铁路车站选址

高速铁路车站选址问题，不仅关系着乘客出行方便程度、铁路客流的培育，也关系着地方经济和社会的发展。当今社会，高速铁路车站选址是决定城市命运的主要因素之一，甚至是决定中国区域大格局变化的原因之一。

目前，高速铁路车站选址分为以下几种方式。

1. 远离既有车站新建高铁车站

这种方式是将新建的高铁车站设在距既有铁路车站若干公里的城镇的外围，甚至是未开发的土地上。这种方式的好处是拆迁征地费用少，建设成本低。但是因为距离城镇距离过远，需要花费大量的资金用于配套设施的建设（道路、公交系统等）。同时，也会导致高速铁路运营后，乘客从城镇前往高铁车站的时间接近甚至大于乘坐高铁的时间，造成客流稀少，导致高速铁路运营成本的增加。

2. 与既有车站并站分场

这种方式是在既有车站一侧新建高速铁路车场，与既有车站并列，高速铁路车场与普速铁路车场或完全隔离，或通过联络线连接，对于站房既可以利用既有站房，也可以新建站房。这种方式大多运用在城际铁路，也有部分长距离高速铁路车站使用这种方式。例如，沪宁高速铁路苏州、无锡、常州、镇江、南京等地级市车站，宁安城际铁路的芜湖站（见图5-20）、池州、安庆等站点，就是在既有车站一侧新建高速铁路车场。宁蓉铁路的重庆北站也采用了这种方式。这种方式的好处是利用既有车站吸引客流，不改变或者较少改变乘客出行习惯，避免由于新建车站距既有车站过远带来的种种问题。这种方式的缺点是拆迁量大，拆迁成本高，并且存在两个广场，如果两个广场之间没有通道相连，将会导致乘客乘车不便。

图 5-20 芜湖站

注：芜湖站自东向西依次为宁安场、普速场（宁芜线）、合杭场。

3. 与既有车站并站混场

这种方式是在既有车站基础上将高速铁路引入既有站车场，同样利用既有车站吸引客流，而且不改变乘客出行习惯。但是同样拆迁成本高，还会带来额外的改造成本。由于高速铁路和既有铁路采用两种不同的信号系统，这种并站混场的方式还会带来信号系统衔接问题，导致电务工作和车务工作的麻烦，例如信号机点灯灭灯问题，甚至会出现由助理值班员接发以车载信号为行车凭证的动车组列车的问题。由于混场，车站有多个方向，容易造成进路误办、错办事故（见图5-21）。

图 5-21　青田站金温货线与金温线并站混场

4. 直接利用既有车站

这种方式是在站外进行改造，车站内除信号设备加装列控系统以满足以车载信号为行车凭证的动车组列车运行之外，其余保持现状。这种方式主要应用于枢纽地区，如上海站、杭州站、郑州站，这些地区都直接利用既有站接发动车组列车。该方式的优点是基本不需要对车站进行整体改造；缺点是这些车站位于枢纽地带，在改造信号系统时，需要停止运营或者改由人工接发列车，由此产生"阵痛"，对短期运输产生极大的影响。例如，郑州站信号设备换装计算机联锁，整个郑州站停止接发客运列车。由于郑州站位于全国铁路核心枢纽位置，信号改造时，选在客流最小的大年初二（2013年1月24日）。即便这样，改造当天，82列列车停运，53列列车变更行车路线，涉及全路17个铁路局。

任务 5.4　认知高速铁路车站结构

高速铁路车站按照客流分为小型、中型、大型、特大型。这四种车站的结构和设施也不尽相同。

小型车站，车站站房最中间为候车室，一侧为出站口，另一侧为售票处。旅客进出站流线采用平面进出的方式。客运设施数量较少，一般售票处设置两个窗口与两台自动售票机，进出站闸机数量也不多（见图5-22）。一些客流较小的车站将售票、进站、出站均安排在候车室内，以方便旅客乘车与自身管理（见图5-23～图5-25）。

图 5-22　宁安城际铁路繁昌西站

图 5-23　宁安城际铁路江宁西站

图 5-24　江宁西站候车室

注：进出站均通过候车室检票口，人工售票位于检票口中间的服务台，旅客服务系统的综控设备也安放在服务台，自动售票机摆放在候车室一角。

图 5-25　合福客运专线歙县北站服务台

注：旅客服务系统控制台和售票机摆在车站检票口处服务台。

中型车站，候车室一般采用上下两层结构，其中一层对接基本站台，另一层对接中间站台（见图 5-26）。出站口设在站房一侧，售票处设在站房另一侧，出站口和售票处的上方为行车室、设备间或办公用房。有的车站还将出站口设在地下，以分流进站、出站客流。中型车站的客运设施数量较多。

图 5-26　黄山北站

大型车站，客流巨大，传统的平面进出站流线将会造成进出站客流对冲，运输秩序混乱。北京站出站口、进站口、售票处、站前广场均在一个平面，并且出站口、进站口、售票处均只有一个通道，易导致客流对冲（见图 5-27）。此外，每逢春运，广州、阜阳、南昌、长沙、成都等客流集中出发车站，需要在广场上搭棚子设立临时候车室（见图 5-28）。广州站甚至需要设立备用候车点，以防客流过于集中而发生事故。因此，传统的平面进出站设计，已经不能适应高速铁路列车高密度、短间隔发车产生的巨大客流。

图 5-27　北京站巨大的客流

图 5-28　阜阳站春运时在站前广场搭棚子设立临时候车室

当前，高速铁路大型车站采用平面上并站分场、立体上上进下出、分检票口的设计模式（见图5-29～图5-32）。在车场上方设立高架候车室，一个站台设立一个检票口，候车室设立多个进站安检通道。商业设施设在候车室的夹层。在车场下方设立铁路到达层，即出站口与换乘中心（见图5-33）。每个车场设立对称的多个出站口，对接城市轨道交通与其他公共交通方式。设立多个售票处，方便旅客就近购票、取票。有的车站还设立自动售票处。1987年，上海站改造完成，采用"南北开口、上进下出、高架候车"的设计理念，是全国最先采用高架候车室的车站。此后，高架候车室的车站在全国普速铁路大型车站逐步推广。2008年8月，改造后的北京南站、天津站与京津城际铁路同步开通运营，是国内最先采用这种设计理念的高速铁路大型车站。

图5-29 杭州东站
（设宁杭甬场、沪杭长场与普速场）

图5-30 杭州东站高架候车室
（采用一个站台对应一个检票口的方式分散客流）

图5-31 客流高峰时的杭州东站

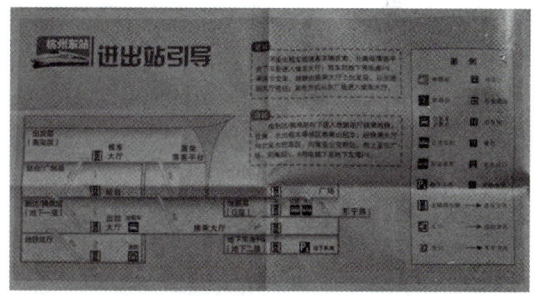

图5-32 杭州东站剖面图

此外，针对大型车站上进下出、检票口众多、旅客走行距离长等实际情况，以及越来越多的旅客持联程票中转换乘的需要，部分大型车站还开通了快捷换乘服务。旅客只要出示前后两张联程票，即可从站台进入候车室换乘，比从出站口出站再进站更加节约时间和精力（见图5-34）。

另外，一些高速铁路车站在设计车场时，采取了垂直骑跨的方式，例如鄂州站（见图5-35～图5-37）和上饶站（见图5-38～图5-41）。这种设计能够节约大量土地，有效减少高速铁路曲线半径，有效利用既有车站，减少工程投资与浪费。开通运营后，列车不用平面交叉，可以减少线路之间的干扰，旅客中转换乘也比较方便。

图 5-33　杭州东站铁路到达层
（实现公交、出租、地铁换乘）

图 5-34　合肥南站候车室检票口的反向闸机
（供快捷换乘使用）

图 5-35　鄂州站卫星影像

图 5-36　鄂州站站房
［正面是武九铁路（普速铁路），
左侧高架是武黄城际铁路］

图 5-37　鄂州站武黄城际铁路垂直交叉
骑跨于武九铁路上方

图 5-38　上饶站及附近联络线卫星影像

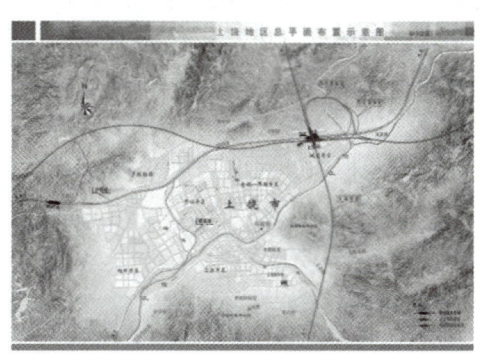

图 5-39　上饶地区总平面布置

图 5-40　上饶站
（站房面对沪昆铁路和沪昆高速铁路，
右侧高架为合福高速铁路）

图 5-41　从上饶站合福场看沪昆普速场、
沪昆高速场与站房

任务 5.5　认知高速铁路枢纽

在铁路线路的交会点或终端地区，由各种铁路线路、专业车站及其他为运输服务的有关设备组成的总体，称为铁路枢纽。高速铁路枢纽模式有以下几种。

1. 维持普速铁路现状，另建高速铁路

这种模式不改变普速铁路现状，而在普速铁路的对侧建设高速铁路大型客运站及配套动车运用所，在高速铁路与普速铁路间设立联络线。该模式典型案例为南京铁路枢纽（见图 5-42）。南京铁路枢纽原为"丁"字形，京沪、宁铜铁路将南京城三面包围，交会于城东北的南京东编组站；宁启铁路在浦口北站分岔，分别接入京沪铁路林场、永宁镇站。南京铁路枢纽客运系统在城北设南京站和南京西站，在城南设南京南站（原中华门）。高速铁路引入南京铁路枢纽时，从南京市区南侧穿过，在南京市区和江宁区之间建设新南京南站，专供高速铁路客运使用；同时在江北的浦口站、亭子山线路所、扬州线路所分出联络线接入京沪铁路永宁镇站，沪宁高速铁路仙林线路所分出联络线接入南京站普速场。此外，为了完善江北地区的高速客运系统，南京铁路枢纽增加了南京北站，接入多条城际铁路。各个客运站之间

通过城市轨道交通或者其他快捷的交通方式连接。这样的设计，使南京铁路枢纽由"丁"字形枢纽升级为环形枢纽，从枢纽内各个区域前往铁路客运车站都比较方便。并且南京还以新建的高速铁路大型客运站南京南站为依托，开展南部高铁新城规划建设。这种模式在东部经济发达、人口稠密的枢纽运用较多，例如上海、徐州、合肥、广州、长沙等枢纽。经过几年的发展，这些枢纽新建的高速铁路客运站已经成为拉动当地经济发展的增长极之一。

图5-42　南京铁路枢纽总布置示意图（2015年）

2. 高速铁路直接引入普速铁路编组站等大型站场，货运系统外迁

这种模式是将普速铁路编组站、货场等货运系统搬迁至远郊，在原普速铁路编组站位置建设高速铁路客运系统，例如大型、特大型客运站、动车运用所等。这种模式在中西部省会城市运用较多。这是因为随着城市的发展，原有的货运系统已经逐步被城市包围，铁路货运系统对城市交通干扰较大，并且中西部的货运系统建设较早、标准较低，已不能适应经济发展对货运的需求。此外，中西部城市空间扩展能力有限，如果另建高速铁路客运系统，要花费巨额投资，但是其吸引力却没有东部平原地区城市大，反而会带来种种不便。成都、重庆、兰州、石家庄等枢纽就采取了这种模式。兰州枢纽为全国少有的带状枢纽，这是因为兰州这座城市位于黄河河谷，沿着黄河南岸呈东西向发展趋势。兰州枢纽改造时，在黄河北岸新建兰州北编组站，原兰州西编组站改造为大型客运站（见图5-43、图5-44）。成都枢纽改造时，将原成都东编组站搬迁至成都北，站址扩建为成都东客运站和成都动车运用所。重庆枢纽改造时，将原重庆西编组站搬迁至兴隆场，原站址新建大型客运站（见图5-45、图5-46）。石家庄枢纽改造时，则将货运系统外迁至三环路附近，客运系统在原石家庄编组站（距原石家庄站客场以南3 km）基础上改造扩建为客运站。为了尽量减少铁路对市区的影响，石家庄的枢纽改造在柳辛庄至石家庄区间建设六线隧道，将京广铁路、京广高速铁路和石济客运专线埋入地下。

模块 5　高速铁路车站与枢纽

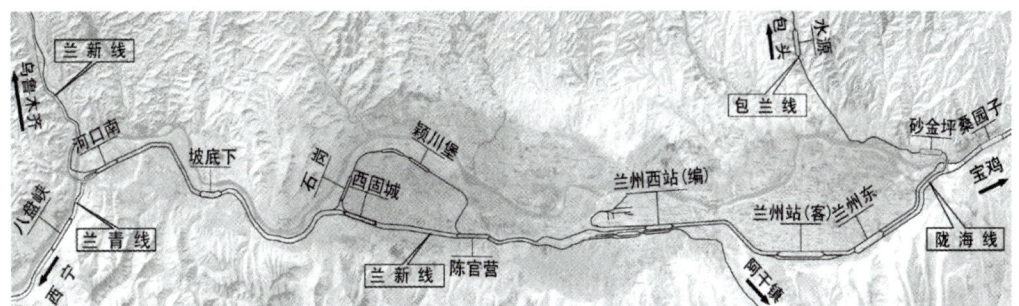

图 5-43　兰州枢纽改造前示意图

资料来源：王俊林. 兰州铁路枢纽改扩建方案研究[J]. 铁道运输与经济，2013，35（5）：49-51.

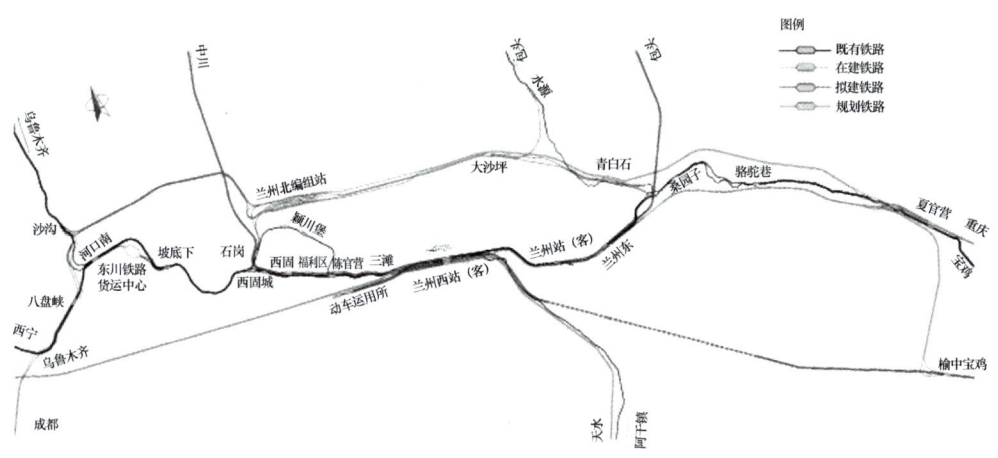

图 5-44　兰州枢纽改造后示意图

资料来源：郭建喜. 兰州铁路枢纽货车北环线过渡方案研究[J]. 铁路技术与创新，2015（5）：22-24.

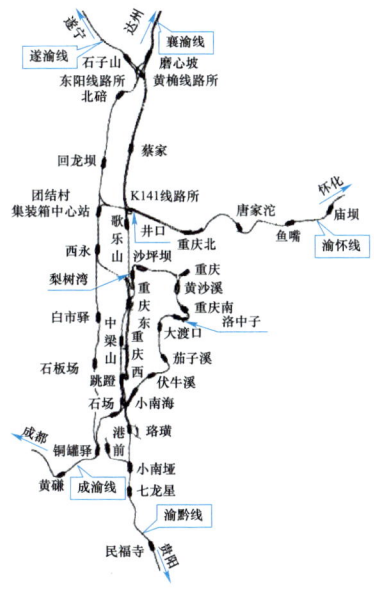

图 5-45　重庆枢纽改造前示意图

资料来源：罗江成，彭强军. 重庆铁路枢纽总图布局研究[J]. 高速铁路技术，2011，2（5）：20-24.

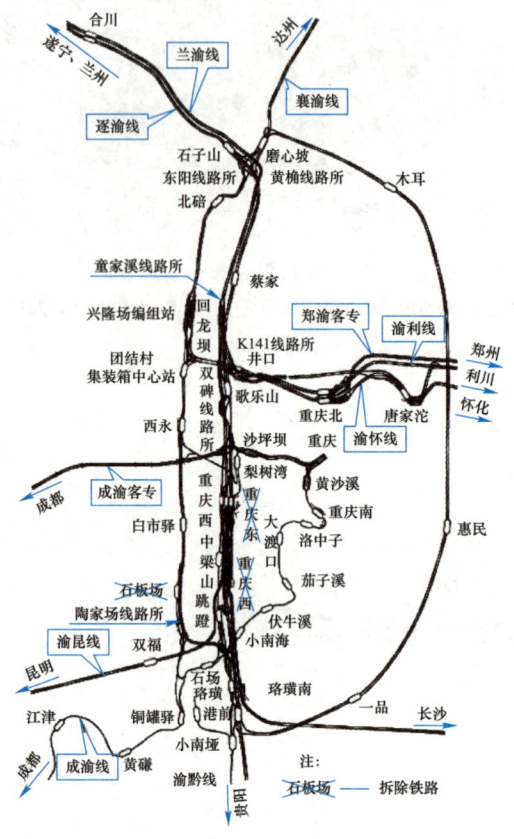

图 5-46 重庆枢纽改造后示意图

资料来源：罗江成，彭强军. 重庆铁路枢纽总图布局研究[J]. 高速铁路技术，2011，2（5）：20-24.

3. 高速铁路直接引入普速车站，对既有车站进行改造

这种模式将高速铁路系统直接引入普速铁路车站，对普速铁路车站进行必要的改造。适用于铁路枢纽较为强大或者比较重要，但是城市规模较小且经济增长能力有限，新建高速铁路客运系统对客流吸引力不够，而既有车站地理位置较好，引入高速铁路不改变当地居民出行习惯的情况。这种模式的缺点是要确保既有铁路正常运营，对既有车站改造难度较大，步骤较多，手续复杂。典型的有秦皇岛和芜湖枢纽。

秦皇岛站改造耗时 5 年，分 8 个步骤完成，改建涉及北京局、太原局、沈阳局和地方铁路局 4 家铁路运营管理单位。施工组织协调难度大：工程涉及专业多，各专业之间接口多，工程与既有道路、管线交叉多，部分工程与市政工程交叉施工，施工过程中各专业之间协调配合非常多。

芜湖枢纽改造也经历了复杂的过程。第一，搬迁既有宁芜上行线，与下行线并线。第二，在芜湖站东侧预留的土地建设宁安场、普速场及新站房，与此同时，结合地方市政道路改造，对宁芜上行线线位进行改造，扩建成四线高速铁路高架桥。第三，在宁安城际铁路启用前，分两次分别拨接宁芜上下行线至宁芜场，对芜湖东V场道岔进行必要的改造，过渡期间启用芜湖新站站台，仍在旧站房候车，拨接完成后启用新站房和芜湖站东广场。第四，拆除既有

芜湖站站场和站房,在既有芜湖站原址建设合杭场,续建新站房和西广场(见图 5-47)。目前,芜湖站已经完成改造,以全新面貌迎接旅客(见前图 5-20)。

(a)芜湖站改造前

(b)芜湖站东侧新建站房

(c)2015 年国庆节,芜湖站等待拨线的宁芜场和处于联调联试阶段的宁安场

(d)2015 年 11 月,芜湖站宁芜线拨线过渡期间,新老站同时走车

图 5-47 芜湖站改造过程(部分)

4. 混合模式

一些规模较大的枢纽,则采取混合模式。例如,武汉铁路枢纽,江北的汉口地区采用高速铁路直接引入普速铁路、货运系统外迁模式,在横店站附近新建武汉北编组站,原江岸西编组站改造成汉口动车运用所。江南的武昌地区采取维持普速铁路现状、另建高速铁路新站模式,在东湖的东北角新建武汉站。武咸、武黄等城际铁路通过与南环线平行建设联络线的方式,分别引入武汉站和武昌站,建设第二条过江通道——天兴洲大桥,在承担京广高速铁路过江任务的同时,将货车运行的路径外绕,做到普速客货车流分流(见图 5-48)。

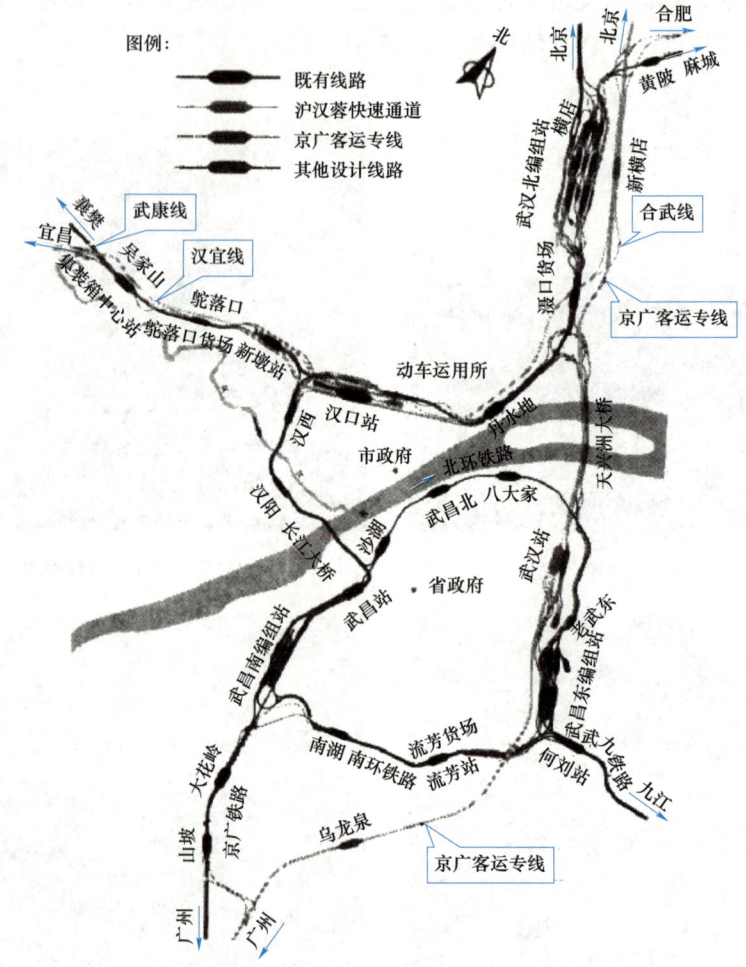

图 5-48 武汉铁路枢纽示意图

资料来源：何文彪. 武汉铁路枢纽规划与设计[J]. 铁道标准设计，2009（1）：1-4.

课程实践

实践内容	高速铁路车站与枢纽
实践目标	基本目标： 了解所熟知的高速铁路枢纽的建设、改造情况
实践形式	个人或分组实践
具体内容	汇报： 我熟悉的高速铁路车站或枢纽。 （1）该高速铁路车站或枢纽的规划设计； （2）该高速铁路车站或枢纽的建设情况； （3）该高速铁路车站或枢纽接入线路的名称和形式； （4）该高速铁路车站或枢纽的扩建、改造情况（若有）。

学习评价

评价主体	评价对象	评价结果与亮点
自我评价	1. 知识评价：对所学内容是否了解 2. 技能评价：课程实践是否顺利完成，是否养成了相应的安全习惯 3. 情感态度价值观评价：个人是否初步具备本模块内容所需要的职业素养	
其他学习者评价	1. 知识评价：对所学内容是否了解 2. 技能评价：课程实践是否顺利完成，实践过程中是否有存在安全隐患的行为 3. 情感态度价值观评价：是否初步具备本模块内容所需要的职业素养	
教师评价	1. 知识评价：对所学内容是否了解 2. 技能评价：课程实践是否顺利完成，实践过程中是否有存在安全隐患的行为 3. 情感态度价值观评价：是否初步具备本模块内容所需要的职业素养	
企业导师评价	1. 知识评价：对所学内容是否了解 2. 技能评价：课程实践是否顺利完成，实践过程中是否有存在安全隐患的行为 3. 情感态度价值观评价：是否初步具备本模块内容所需要的职业素养	

思 考 题

（1）高速铁路车站类型有哪些？

（2）高速铁路车站如何分类？

（3）高速铁路车站线路有哪些？

（4）高速铁路车站选址有哪些模式？

（5）高速铁路枢纽设计施工有哪些模式？

（6）除了书中提到的线路和车站，你还知道哪些高速铁路车站安装有站台门？

（7）对比高速铁路站台门和城市轨道交通站台门在设计标准及安装方式上的异同。

模块 6　高速铁路信号与通信

> **教学导航**

学习目标	1. 必备的知识、技能 （1）学习者能够了解高速铁路信号的要求； （2）学习者能够了解 CTCS 原理、架构与组成； （3）学习者能够了解高速铁路信号的特点； （4）学习者能够了解高速铁路通信的特点。 2. 良好的职业素养 （1）学习者能够主动树立信号在铁路中起着极其重要的安全防护作用的意识； （2）学习者能够形成"安全冗余"的思想。
计划学时	4～6 学时
学习要求	按照学习目标，通过课前思考与讨论、理论学习、实践学习、课后回顾与拓展，完成相应的学习内容，并注意个人安全。

> **课前思考与讨论**

1. 铁路不装信号系统，能否运行。
2. 铁路不装信号系统，能否安全运行。
3. 铁路信号系统损坏，能否运行，能否安全运行。

　　没有安装信号系统，铁路能不能运营？答案肯定是"能"的。中国目前有很多工矿铁路，都没有安装信号系统，然而这并不影响铁路运营。例如，南京东郊的工矿铁路（见图 6-1），只有寥寥的几组车体，采用人工扳动道岔，通过地方固定电话通信。此外，高速铁路在联

图 6-1　南京孔山矿窄轨铁路（未安装任何信号系统）

调联试的初期，信号与通信系统尚未通过测试验收的时候，动车组也能运行甚至能够突破速度极限。但是，没有信号与通信系统，铁路运营的效率和安全性会大打折扣。尤其是列车在高速铁路上高速度、高密度行车条件下，如果仍采用人工调度、人工办理进路、人工驾驶的方式，一旦稍有疏忽，将会产生不可设想的后果。因此信号与通信是高速铁路必不可少的环节。

任务 6.1 认知高速铁路信号系统

1. 高速铁路对信号系统的要求

高速铁路列车相比于普速铁路列车运行速度更快，行车密度更大，因此对信号系统的要求更高，具体表现在以下几个方面：

① 列车运行速度更快，要求制动距离更长，使得速度信号代替色灯信号。

② 列车运行速度更快，使得辨认信号更加频繁，需要以机车信号为行车凭证。

③ 列车运行速度更快，要求对信号处理反应迅速，需要车载信号设备直接控制列车制动。

所以，高速铁路使用比普速铁路更先进、高级的信号系统，取代传统的人工行车模式。

2. 中国列车运行控制系统

高速铁路的调度系统采用调度集中、分散自律的模式。调度集中，就是将调度功能全部集中在调度中心，沿线车站信号控制全部由调度中心完成，取代了普速铁路那种调度下计划、车站值班员办理进路并通过 450 MHz 无线电台进行车机联控通知司机进路、助理值班员观察室外列车运行情况的行车模式，大部分车站仅保留应急值守人员。分散自律，就是将调度中心总机的信息发送到各个车站的列控中心，如果调度中心总机故障，各个车站能够按照损坏前的调度中心总机发送的内容指挥本站列车运行。

为此，研发了中国列车运行控制系统（Chinese Train Control System，CTCS）。该系统分为五级，目前使用的是 CTCS-0、CTCS-2 和 CTCS-3 三个等级（见图 6-2、图 6-3）。

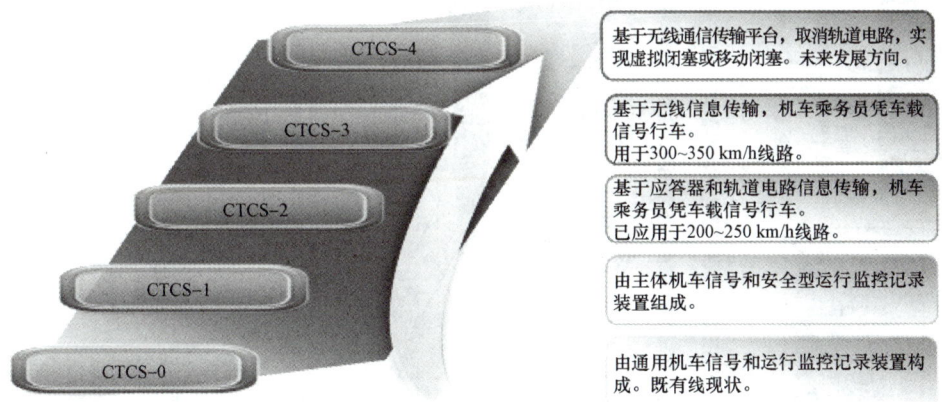

图 6-2 CTCS 等级

资料来源：中国通号相关资料。

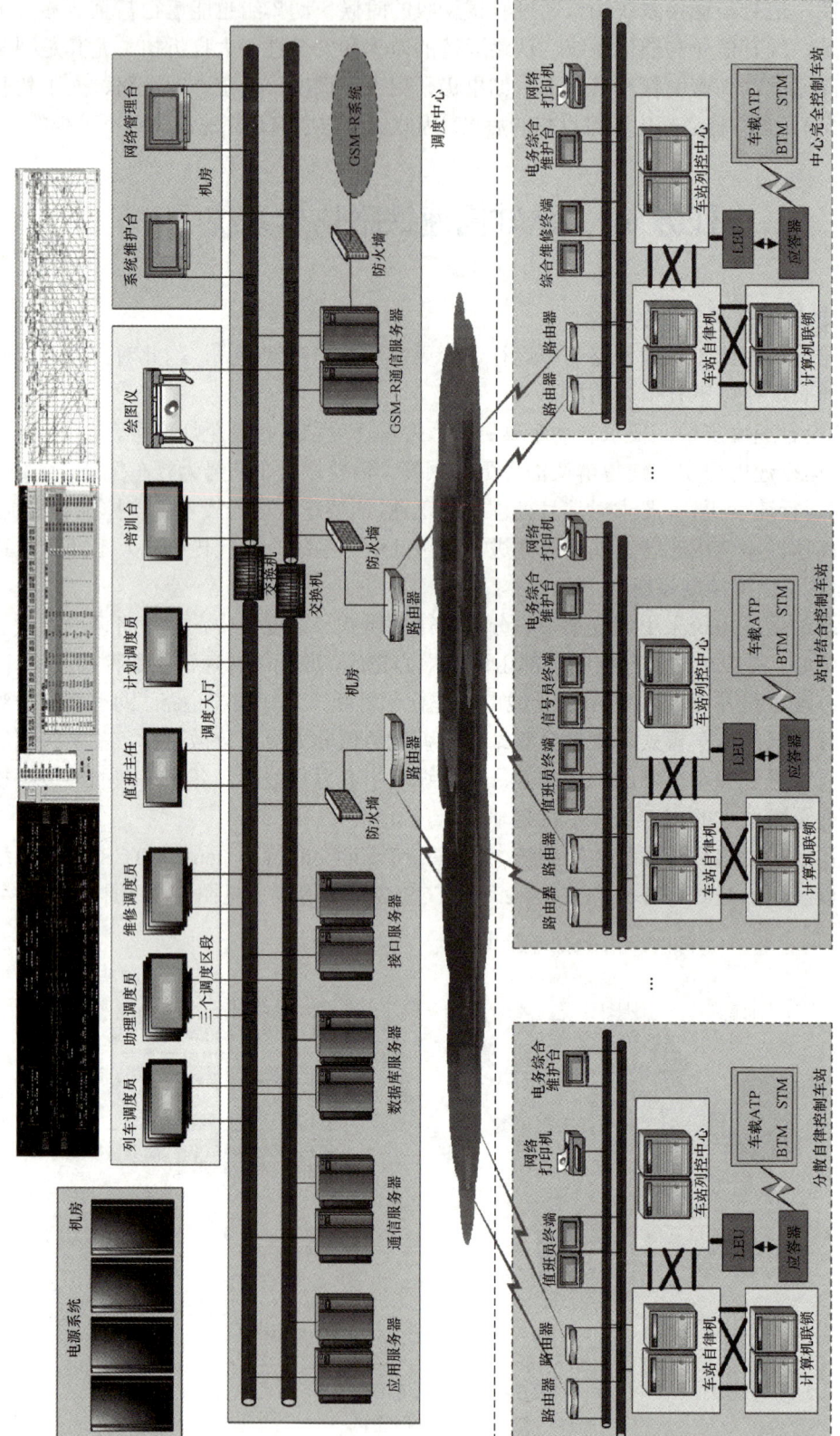

图 6-3 调度集中控制总体结构

资料来源：中国通号相关资料。

CTCS-2 级系统,在传统普速铁路轨道电路基础上,增加列控中心和应答器,生成目标距离连续速度控制模式来控制列车安全运行。CTCS-2 级系统适用于 250 km/h 级别的高速铁路,可兼容普速列车运行(见图 6-4)。

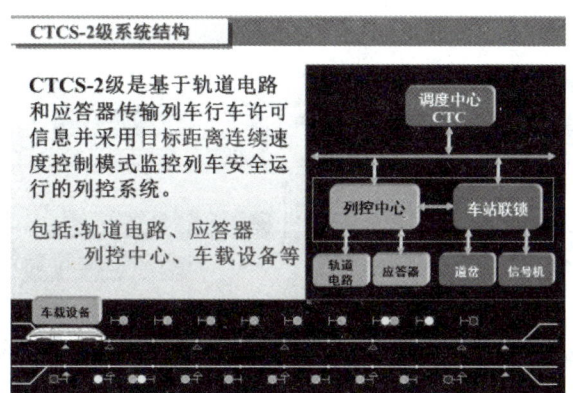

图 6-4　CTCS-2 级系统结构

资料来源:中国通号相关资料。

针对列车运行控制记录装置需要预先存入线路数据的缺陷,CTCS-2 级系统在轨道中央安装应答器(见图 6-5、图 6-6),将线路基本参数、线路固定限速、临时限速,以及其他涉及行车安全的信息写入应答器。当动车组通过应答器时,能够自动接收这些信息,利用车载计算机处理,生成最终限速指令,从而确保动车组安全运行(见图 6-7、图 6-8)。

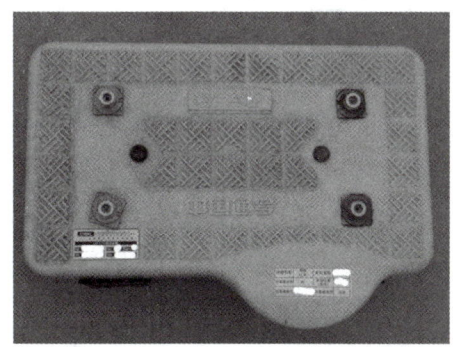

图 6-5　无源应答器

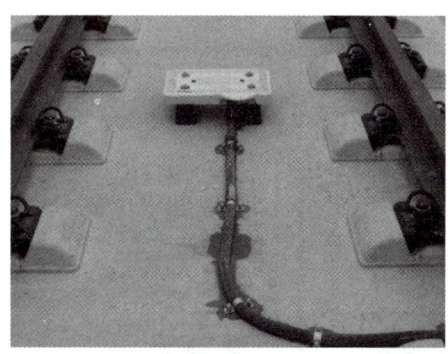

图 6-6　有源应答器

图 6-7　进站信号机外方的应答器安装方式

图 6-8　设有应答器的桥梁,护轨应该断开

注:① 进站信号机外方固定在轨枕上的圈中黄色物体即为应答器,其中配一个有源应答器、两个无源应答器。
② 设有应答器的桥梁,护轨应该断开的依据:铁道部关于印发《铁路桥梁护轨铺设暂行规定》的通知(铁运〔2007〕243 号)。

CTCS-3 级系统，采用更加先进的移动闭塞系统，基于 GSM-R 数字通信方式和无线闭塞中心，实现列车与地面信息双向传输。CTCS-3 级系统适用于 350 km/h 级别的高速铁路，并且安装 CTCS-2 级系统，作为移动闭塞故障的备用系统（见图 6-9）。

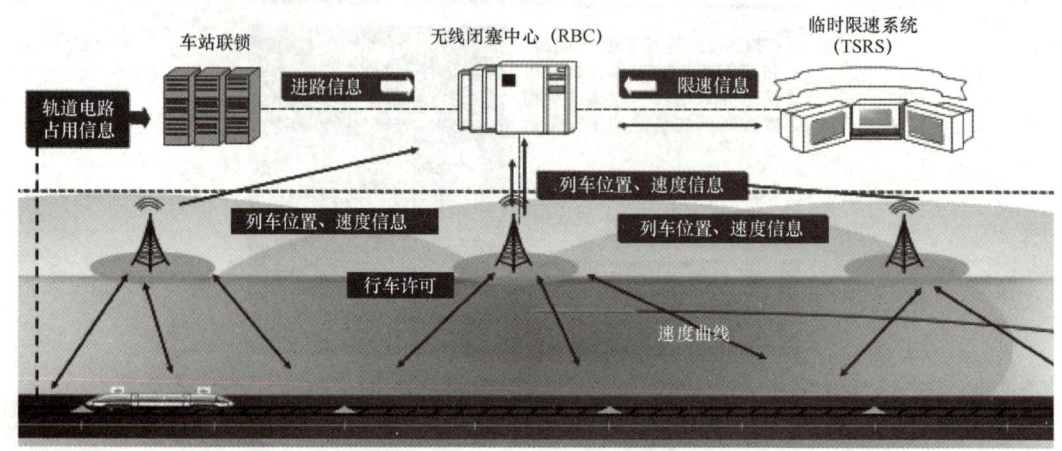

(a) 基本工作原理

RBC设备采用硬件安全比较冗余结构，包括：无线闭塞单元（RBU）、协议适配器（VIA）、RBC维护终端、司法记录器（JRU）、ISDN服务器、RBC本地终端和交换机等设备。

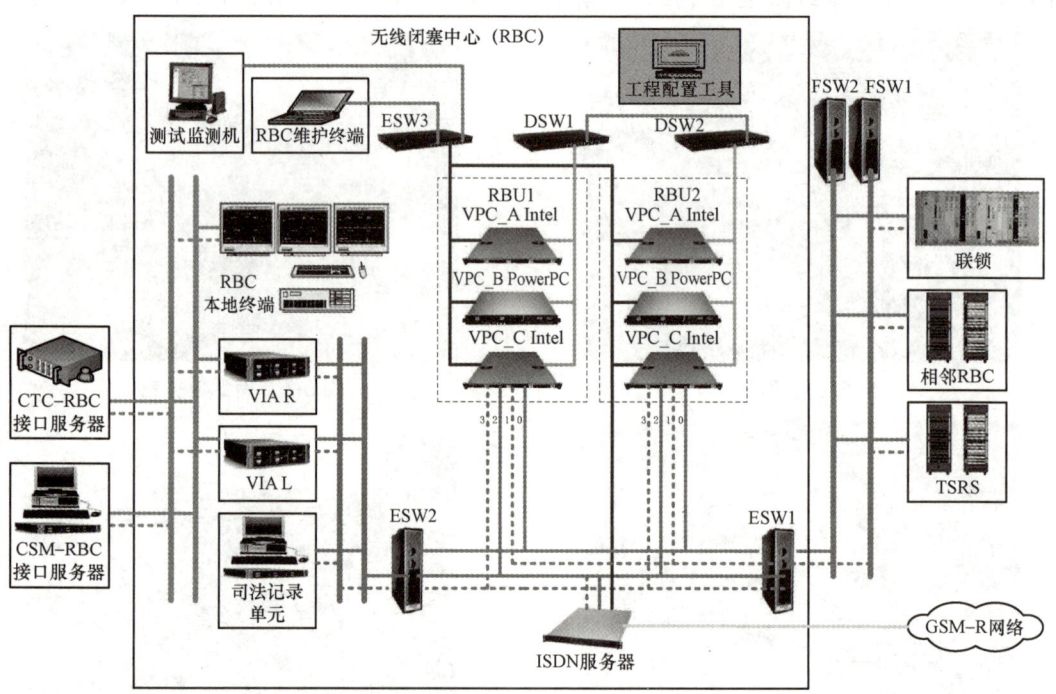

(b) 无线闭塞中心

图 6-9　CTCS-3 级系统相关原理示意

GSM-R采用单网交织的冗余覆盖方案，由移动交换中心（MSC）、基站控制器（BSC）、基站（BTS）、光传输设备（OTE）、移动终端（MT）、码型转换和速率适配单元（TRAU）等组成。

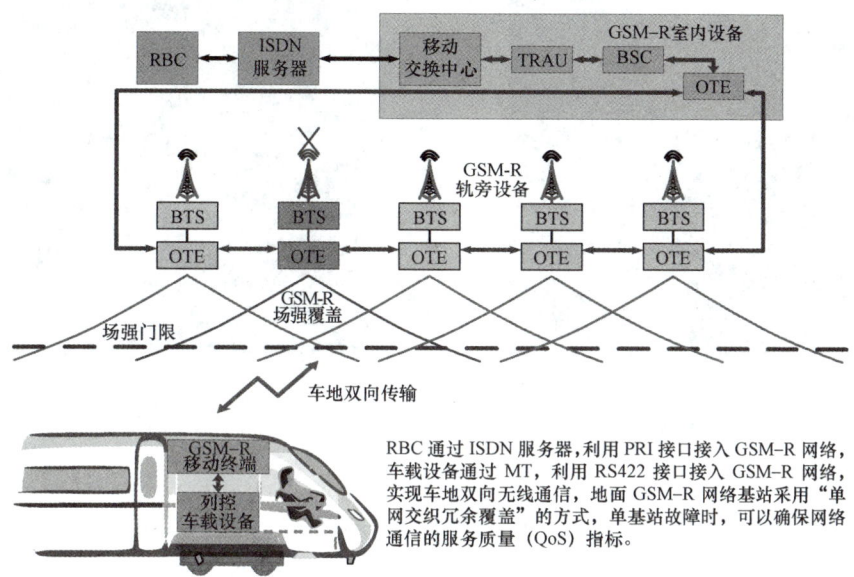

RBC通过ISDN服务器，利用PRI接口接入GSM-R网络，车载设备通过MT，利用RS422接口接入GSM-R网络，实现车地双向无线通信，地面GSM-R网络基站采用"单网交织冗余覆盖"的方式，单基站故障时，可以确保网络通信的服务质量（QoS）指标。

(c) CTCS-3级系统的GSM-R网络

图 6-9 CTCS-3级系统相关原理示意（续）

资料来源：中国通号相关资料。

> 课程思政与铁路文化

区间信号设备的变迁

1）无信号设备与路签闭塞

在英国，最初出现铁路时，没有任何信号系统，火车很容易撞车。为了安全起见，由人员骑马在火车前面引导运行。这些引导员戴着礼帽，身穿黑色大衣和白色裤子，用手信号指挥列车前进，看上去很潇洒。由于当时火车速度很低，大约6～16 km/h，所以适合由人员骑马指挥行车。后来火车速度提升，马跑不过火车，骑马引导火车的方式就退出了历史舞台。

随着电气技术的发展，铁路信号设备也在不断升级。为了确保安全，那时候的铁路，两个车站之间最多行驶一列火车，路签闭塞应运而生。路签闭塞需要两个站之间的工作人员确认区间无车，接车站通过手摇发电机向发车站路签机送电，发车站才能取出路签，交给司机，由司机带至接车站并将路签交给接车站的工作人员。直至接车站将路签插回路签机，两个车站方可再次办理路签闭塞手续，也就意味着这两个车站之间的区间才能再次行车。如果继续前行，需要领取新的路签（见图6-10、图6-11）。

如果是不停车的快车，那么交接路签就需要一定技术了。如果交接不当，就会造成路签带过站，或未带路签进入区间，甚至路签砸伤、砸死车站值班员等事故。因此，上海铁路局发明了路签自动授受机，列车通过路签自动授受机时，可自动交接路签。

图 6-10 昆（明）石（咀）铁路仍在使用路签闭塞（团山站车站与司机在办理路签交接）

图 6-11 昆明铁路博物馆内的路签闭塞机

2）半自动闭塞

路签闭塞工作强度大，故障率高，半自动闭塞应运而生。半自动闭塞是单线铁路接发车站双方在确认区间无车的情况下，在各自的控制台先后按下闭塞按钮，以构成接发车电路的形式建立闭塞关系。随后发车站开放出站信号，接车站开放进站信号，列车开车。到达接车站，工作人员确认列车完整到达，将闭塞复原，表示区间空闲，等待下一趟列车驶入（见图6-12）。双线半自动闭塞不需要人工按闭塞按钮构成闭塞关系，只要发车站开放出站信号，列车离开车站即可构成闭塞关系，但复原仍然需要人工操作（见图6-13）。半自动闭塞大大降低了在交接路签过程中的安全风险，现在中国很多单线铁路还在使用这种闭塞方式（见表6-1）。某些站间距较短的双线铁路也在使用半自动闭塞（见表6-2）。但是这种闭塞也有缺点，如果部分车辆断钩留在区间，接车方不确认到达完整就复原闭塞，那么就会造成撞车事故。如果区间发生轨道断裂，双方值班员也无法知晓。而且两站间只有一列车运行，从运营者的视角看，这样的运行方式效率低且存在安全隐患。

图 6-12 吉兰泰铁路乌海西—吉兰泰段采用单线半自动闭塞（进站信号机前方设置预告信号机）

图 6-13 宁芜铁路毛耳山—芜湖东区段采用双线半自动闭塞（原因是站间距较短）

表 6-1 单线半自动闭塞设备正常使用流程

顺序	发车站				接车站				备注
	电铃	发车表示灯	接车表示灯	动作过程	动作过程	接车表示灯	发车表示灯	电铃	
1				定位状态（区间空闲）	定位状态（区间空闲）				
2	响	黄		请求发车，取得接车站同意后按下闭塞按钮		黄		响	双方车站电铃都响，确认闭塞电路畅通无误
3	响	绿			同意接车，按下闭塞按钮	绿			
4		绿		开放出站信号机		绿			
5		红		列车出发，当列车驶入出站端轨道区段时，区间闭塞		红		响	
6	响	红		列车进入区间	请求预办折返发车，取得对方站同意后，按下闭塞按钮	红			若接车站有被会让列车准备进入该区间，则可预备办理被会让的列车的区间闭塞
7		红	黄	同意对方站预办折返发车，在电铃鸣响过程中按下闭塞按钮		红	黄	响	预备办理被会让的列车的区间闭塞
8		红	黄		开放进站信号机，列车进入进站信号机内方，压上轨道区段（集中联锁车站为列车头部进入进站信号机）	红	红		
9	响		绿		确认列车整列到达，按下复原按钮		绿		区间空闲
10			绿		开放出站信号机，被会让列车出发。下面步骤同8、9，只是互换接发站的角色		绿		预备办理被会让的列车的区间闭塞

表 6-2 双线半自动闭塞设备正常使用流程

顺序	发车站				接车站			
	电铃	发车表示灯	接车表示灯	动作过程	动作过程	接车表示灯	发车表示灯	电铃
1				定位状态（区间空闲）	定位状态（区间空闲）			
2		绿		请求发车，用电话与接车站联系，取得同意后开放出站信号机				
3		红		列车出发，当列车驶入出站端轨道区段时，区间闭塞	开放进站信号机	红		响
4		黄			列车进入进站信号机内方，压上轨道区段（集中联锁车站为列车头部进入进站信号机）	黄		响
5	响		绿		确认列车整列到达，按下复原按钮			

3）自动站间闭塞

为解决人工复原带来的安全隐患，设计出了自动站间闭塞。自动站间闭塞是在半自动闭塞的基础上，在两站进站信号机处各安装一套车轮传感器（也称为计轴磁头，见图 6-14），统计通过列车的车轴数量，当发车站和接车站双方通过的车轴数量相等时，就可以认为列车完整到达，闭塞自动复原。现在很多城市的城市轨道交通采用的就是这种闭塞方式。进入 21 世纪后，新建的单线铁路也陆续采用自动站间闭塞。

图 6-14 桂林北站附近某专用线安装的车轮传感器（计轴磁头）

注：车轮传感器附近禁止金属物通过，以免造成信号系统误认为有列车通过。

4）自动闭塞

为了提高铁路通行能力，使区间能够运行更多列车，设计出了自动闭塞。自动闭塞就是把两站之间的长区间以一定的距离，一般为 1.2~2 km，划分成若干短区间，每个区间安装轨道电路以检查是否有车通过，每个区间的起始点安装一台通过信号机，以不同颜色显示，向司机传达前方是否有车、是否需要减速。这样一来，同方向的列车可以6～10 km的车距、5～10 min的时间追踪运行，两站之间可以安排多列列车，运行效率大大提高。自动闭塞还能够判断是否有车遗留区间、区间轨道是否断裂等故障，以及是在哪个区间发生这样的故障。自动闭塞大大提高了铁路运输的安全性，中国几乎所有的双线铁路及部分繁忙单线铁路，如成渝铁路、沟海铁路，都采用这种闭塞方式（见图6-15）。

图6-15 兰新铁路双线自动闭塞的通过信号机

5）移动闭塞

移动闭塞是在固定闭塞（类似自动闭塞的形式）的基础上，取消了传统的以信号机划分的固定闭塞区段，而是基于无线通信，实时获取列车位置，由控制中心实时计算出列车的最大制动距离，向列车发送实时限速曲线以保证列车不会追尾前车。移动闭塞取消了诸多地面信号设备，从而减少了施工与维护成本；取消了固定闭塞区段，使得运营效率更高。例如，城市轨道交通可以做到小于2 min的行车间隔，高速铁路可以做到最短3 min的行车间隔。目前，移动闭塞已经广泛应用于城市轨道交通。移动闭塞也将成为今后铁路领域区间闭塞方式的主流。

任务6.2　认知高速铁路信号特点

1. 高可靠及安全冗余设计

为了防止设备故障带来的安全隐患，须使用多个设备保证信号系统24 h不间断工作。

为了防止单套计算机设备故障，高速铁路信号专用计算机均采用多机热备系统。例如车站计算机联锁及临时限速服务器，采用的是2乘2取2结构。这种结构使用至少2台计算机，每个计算机都配有2个CPU，只有至少2个CPU的计算结果一致时，才能输出信号。这样的设计，就是为了避免因为单组甚至两组CPU同时出现故障而导致行车中断。

因为中国铁路规定，在普速铁路和高速铁路的CTCS-2级模式下，信号机灭灯视同于停车信号。因此，信号机的灯泡采用双灯丝设计，防止灭灯导致列车停车。部分高速铁路甚至采用双灯泡结构（见图6-16）。

图 6-16　双灯泡信号机

另外，信号设备的电源也须设置两个或以上。

相反，控制道岔的转辙机只要有一个没有转换到位，信号就没法开放。

> 课程思政与
> 铁路文化

车站信号设备的变迁

对于车站来说，最初所有道岔都由人工扳动。车站值班员下达扳道任务后，扳道工扳动道岔，并向车站值班员确认。道岔多的车站，扳道工多，还要设置扳道主任。接发列车也是纯人工引导。这种纯人工扳道作业，手续烦琐还容易出错，于是车站联锁就应运而生了。

最初的联锁采用机械联锁方式，由扳道工通过钢缆在一个地方集中控制道岔和机械臂板信号机（见图6-17）。

之后，出现了电锁器联锁，就是将人工扳动的道岔，加装一套电磁驱动的锁闭器。只有车站值班员在信号楼操作台解锁后，扳道工才能扳动，一定程度上提高了安全性（见图6-18）。电锁器联锁既可以接臂板信号机，也可以采用色灯信号机，使用色灯信号机极大地方便了车站值班员开放信号。

图 6-17　沧州骋宇铁路的臂板信号机

图 6-18　沧州骋宇铁路的电锁器

再之后，出现了继电联锁，这种联锁方式用于轨道电路检查是否有车。通过一个个铁路信号专用继电器（见图 6-19），将信号机、轨道电路和道岔之间构成逻辑关系，确保行车安全。行车人员只要坐在信号楼的行车室，按下操作台上进路的始端和终端按钮，道岔就能自动扳动，信号机就能自动开放。如果遇到错误的进路，则无法扳动道岔，也无法开放信号机。继电联锁一度成为中国铁路车站信号的主流，但是继电联锁对修理工的要求很高，需要在短时间内判断出是哪个继电器的哪个接点发生了故障，并且继电联锁占用较大的空间，也无法跟其他信息系统关联。

图 6-19　信号继电器组合架（上面插满了信号专用继电器）

随着计算机技术的发展，使车站信号计算机化成为可能。计算机联锁（见图 6-20），就是将车站信号设备的逻辑关系用计算机处理，取代笨重昂贵的继电器。计算机联锁安装维修简单，占地小，可以将联锁信息发送给其他系统，是现在车站联锁设备的主流。

图 6-20　计算机联锁

2. 信号机灭灯模式

在 CTCS-3 级模式下，由于以车载信号为主，为节约能源，室外的进站信号机、出站信号机处于灭灯状态（见图 6-21）。

查一查：城市轨道交通信号系统有没有灭灯模式？如果有，应用于怎样的信号系统中？

图 6-21 合福高速铁路泾县站出站信号机常态灭灯

3. 过走防护

过走防护技术是指当列车在制动停车过程中，未能在规定的停车点前停住而冒进停车点后的一种列车安全保护技术。在普速铁路，出站信号机和对应的轨道电路绝缘节设置在距警冲标 5 m 处（见图 6-22）。而高速铁路按照"有条件检查"设置过走防护区段，将轨道电路绝缘节设置在距警冲标 55 m 处（见图 6-23），人为设置一段 50 m 的过走防护区。当车站办理接车进路时，在接车进路锁闭前，先检查过走防护区段是否空闲，不检查道岔位置，之后开通接车进路。接车进路开通后，只要过走防护区段空闲，或最靠近股道的道岔开向相邻股道，两个条件中任意一个成立，则该接车进路就可以维持开通状态。

图 6-22 宁铜铁路（单线半自动闭塞）西善桥站出站信号机距警冲标距离 5 m 左右

图 6-23 南京南站京沪场出站信号机距警冲标 55 m

4. 临时限速服务器

对于因线路施工、突发情况等需要临时限速的情况，普速铁路的做法是：对于预先有计划的临时限速，如线路施工，将限速信息预先存储在 LKJ 中；如遇突发情况限速，则由调度通过车站值班员通过 450 MHz 无线电台向司机口头传达。这种做法存在极大的安全隐患，2008 年 4 月 28 日济南铁路局胶济线列车相撞事故就是由于施工限速未能及时传达，列车超速行驶所致。2013 年济南铁路局菏泽站施工改造，也是因为 LKJ 数据错误分发导致列车超速行驶，幸未造成车毁人亡的重大责任事故。因此，须要改变现有预先存储或口头传递临时限速信息的模式，改为使用临时限速服务器实时传达临时限速信息。

临时限速服务器（TSRS）根据调度员的临时限速调度命令，实现对各列控中心（TCC）、无线闭塞中心（RBC）临时限速指令的分配和集中管理，保证限速计划和命令的顺利实施。临时限速服务器集中管理线路临时限速，实现临时限速的存储、校验、拆分、下达、删除、取消、辅助提示并管理临时限速命令的历史记录。它不仅适用于 CTCS-2 级客运专线，同时能够应用在 CTCS-3 级客运专线列控系统中，满足 CTCS-2 级和 CTCS-3 级设备临时限速命令的下达要求（见图 6-24）。

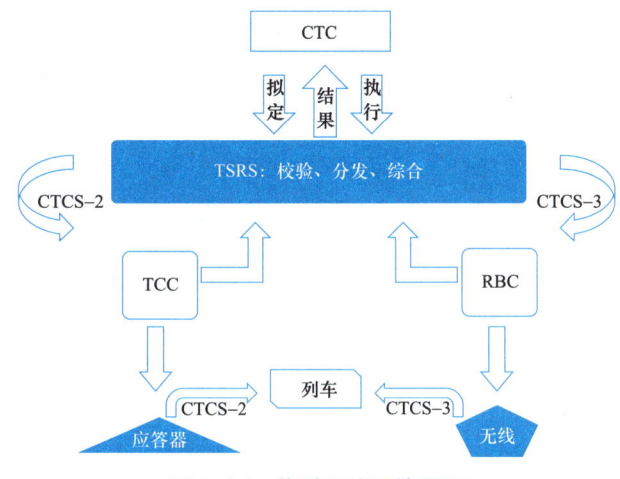

图 6-24　临时限速系统原理

资料来源：中国通号相关资料。

5. 中继站

高速铁路站间距较大，超出了目前国内 ZPW-2000 系列轨道电路电缆传输长度。根据《高速铁路设计规范》（TB 10621—2014），ZPW-2000 系列轨道电路传输长度不应大于 10 km，对设计速度为 300 km/h 及以上的高速铁路不宜大于 7.5 km，当电缆长度超过上述规定时宜设置区间中继站。区间中继站为箱式整体机房，设置在高架桥下或者线路边。

查一查：中国高速铁路最长的车站（或线路所）间距有多长？位于哪两个车站之间？需要设置多少个中继站？

6. 灾害监测系统

高速铁路由于自身运行速度高、发车密度高、运行环境高架桥和隧道多的特点，对于列车运行的安全问题有更高的要求，对一些自然灾害或各种人为事故必须实时、准确、可靠地监控防范。灾害监测系统对危及客运专线运行安全的自然灾害、突发事故、异物侵限及非法侵入等进行监测报警和防护，提供经处理后的灾害预警信息、限速信息、停运信息等，作为运营调度中心运行计划调整、下达行车管制、抢险救援、维修的依据，已在国内客运专线工程中普遍应用（见图 6-25）。灾害监测系统主要监测雨量、风速、地震和异物侵限（见图 6-26）。

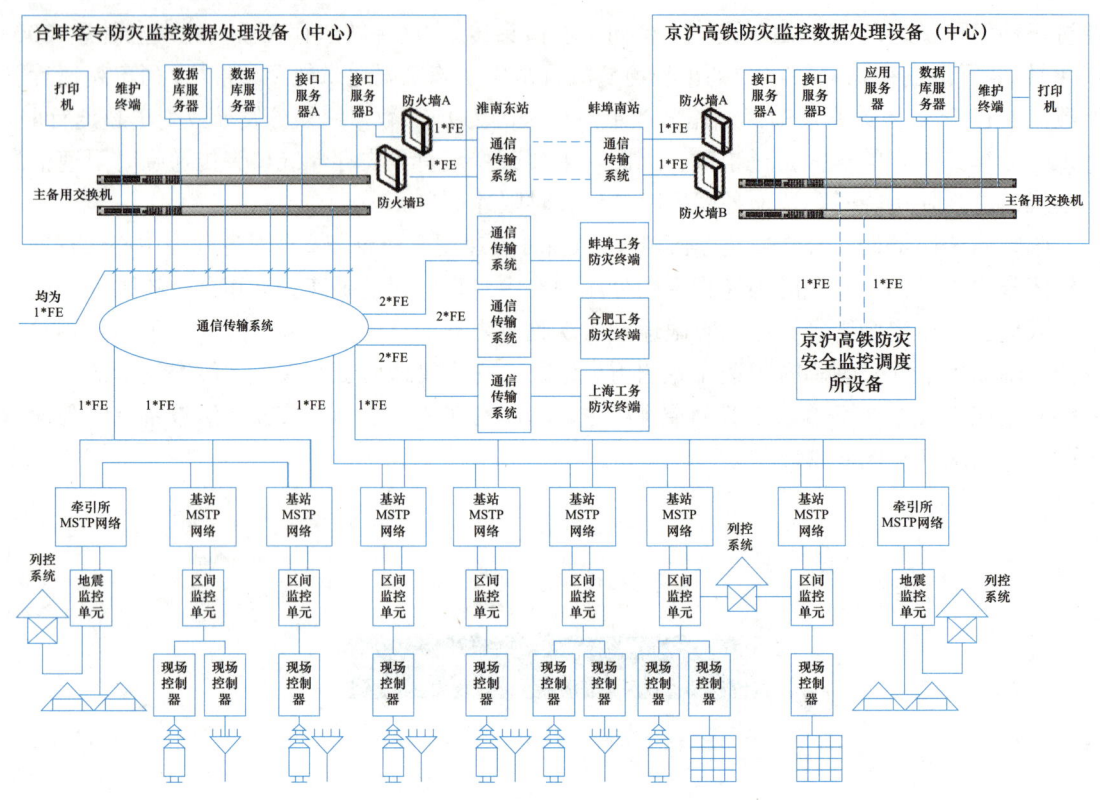

图 6-25　合蚌客运专线防灾安全监控系统结构示意图

资料来源：陈朝珍. 合肥至蚌埠客运专线防灾安全监控系统设计[J]. 电气化铁道，2013（1）：13-16.

图 6-26　扬州甘八路、S243 上跨宁启铁路立交安装异物侵限系统

设计速度为 300 km/h 及以上线路且沿线近 20 年极大风速超过 15 m/s 的区段，设计速度为 250 km/h 及以上线路且沿线近 20 年极大风速超过 20 m/s 的区段，应设置风速风向监测点（见图 6-27）。风向仪设在山区垭口、谷地（间距为 1~5 km）、高架桥空旷地带及高路堤区段（间距 5~10 km），设置在线路的迎风侧，安装于接触网杆柱上。雨量计一般设置在路基地段及山区易发生崩塌、滑坡、泥石流等地质灾害处所，其中路基地段等间距设置，有砟区段间距 15~20 km，无砟区段间距 20~25 km。铁路沿线近 20 年最大积雪深度达 3 cm 及以上的路段设置雪深监测点（见图 6-28），设置间距平原地区为 30 km，山区为 20 km。铁路沿线地震

峰值加速度达 0.1g 及以上的区段，设置地震监测点，间距 25 km。各类上跨设计速度超过 160 km/h 高速铁路区段的桥梁（不包括人行天桥），要安装异物侵限现场采集装备。

图 6-27　宁启铁路风力监测

图 6-28　宁启铁路雪深监测

查一查：当出现哪些情况时高铁列车要降速运行？哪些情况则停运高铁列车？

7. 虚拟信号

在一些并站分场的车站，当场间联络线长度较短，或由于坡道较大，不够一整列车安全停车时，可设置仅在室内控制台存在，而室外并不存在或者以其他形式信号机存在的信号机，如调车信号机存在的列车信号，称为"虚拟信号"。例如，南京南站京沪场与宁杭场之间西侧，宁杭场控制台设置的 D209 虚拟列车信号机关闭时，南京南站京沪场 S7、S8、S9、S10 出站信号机无法开放南京南站宁杭场。当南京南站京沪场控制台设置的 D103 虚拟列车信号机关闭时，南京南站宁杭场 XDB 进站信号机不能开放往南京南站京沪场进站信号。当南京南站宁安场控制台设置的 D214 虚拟列车信号机关闭时，南京南站宁安场 SC、SCF 进站信号机无法开放往南京南站宁杭场的进站信号（见图 6-29）。

图 6-29　南京南站宁杭场与宁安场联络线中的调车信号机
（作为南京南站宁杭场与宁安场之间的虚拟列车信号机）

8. 特殊联锁关系

对于一些枢纽车站，由于地形限制无法设置安全线时，则通过设置特殊联锁关系，确保行车安全。例如，位于宁杭高速铁路的南京南线路所，因设置在距地面 40 m 的高架桥上，无法接入安全线，且下行方向为下坡，为安全起见，当南京南线路所下行通过信号机不开放时，南京南站宁杭场和南京南站京沪场下行出站信号机不能开放。

任务 6.3 认知中国高速铁路通信系统

1. 高速铁路通信任务
（1）保证指挥列车运行的各种调度指挥命令信息的可靠传输。
（2）为旅客提供各种服务的通信，例如预售客票系统、车站内旅客向导系统等。
（3）为设备维修及运营管理提供通信条件。线路维修人员在沿线作业时信息互通，列车乘务员在运行中及时与调度员或车站值班员联系。

2. 高速铁路通信特点
（1）通信应具有高可靠性，保证列车高速安全运行。
（2）通信应保证运营管理的高效率。
（3）通信和信号系统紧密结合，形成一个整体。
（4）通信与计算机和计算机网络结合，形成一个现代化的运营、管理、服务系统。
（5）通信应完成多种信息的传输和提供多种通信服务。
（6）多种通信方式结合形成一个统一的铁路通信网。

3. GSM-R
GSM-R（Global System of Mobile for Railway）是专门针对铁路对移动通信的需求而推出的专用系统，它基于 GSM 并在功能上有所超越，是更加成熟的技术。GSM-R 通过无线通信方式，实现移动话音和数据传输，不仅实现了无线列车调度、铁路区间通信等语音功能，还承担了车次号校核、调度命令传达、列控信息传送等无线数字通信任务。高速铁路无线通信以 GSM-R 通信方式为主（见图 6-30）。

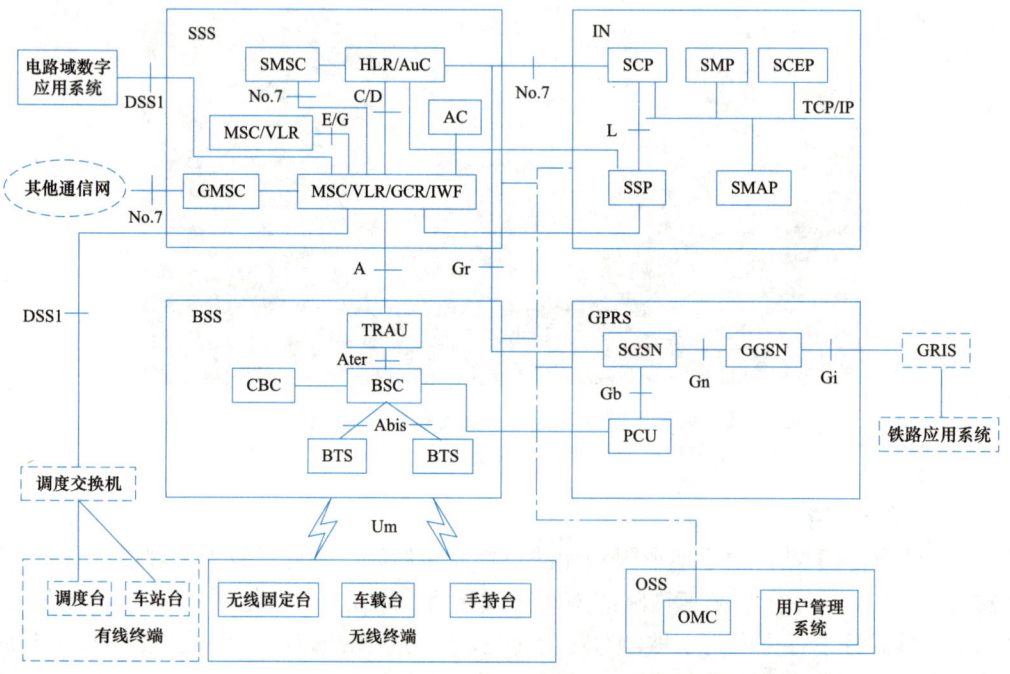

图 6-30 GSM-R 系统结构

GSM-R 系统相对于移动公众网 GSM 系统来说，增加了铁路的特殊业务，主要有以下几种。

（1）用户级别不同（高级语音呼叫业务，包括语音组呼业务 VGCS、语音广播业务 VBS、增强多优先级与强拆业务 EmLPP）。

（2）功能寻址（调度或车站呼叫机车）。

（3）基于位置的寻址（机车呼叫前方车站、后方车站）。

（4）高速情况下的移动通信业务。

（5）铁路专业数据业务需求（列控、列尾、车次号、调度命令、进路预告等）。

GSM-R 在高速铁路的具体应用有以下几方面。

1）调度通信业务系统

调度通信业务系统主要包括列车调度通信、牵引变电调度通信、其他调度及站场通信、应急通信、施工养护通信等。

2）车次号无线传送系统

车次号无线传送系统由 GSM-R 数字移动通信网、监控数据采集处理装置、机车综合无线通信设备（CIR）、TDCS 或 CTC 设备组成，实现列车车次号无线传送。

3）调度命令无线传送系统

调度命令无线传送系统可将调度员或车站值班员下达的调度命令或行车凭证，通过无线信道传送给机车，指挥司机行车。利用调度命令无线传送系统，避免了普速铁路使用无线电台口头传达调度命令产生的漏传、错传的问题，可以大幅提高行车效率及安全性。

4）列车尾部风压传送系统

对于在高速铁路运行的机辆模式的列车，列车尾部风压传送系统在机车安装查询器，在列尾安装风压检测器，利用 GSM-R 实现列尾风压的数据传输。

5）调车监控传送系统

GSM-R 为该系统提供调车机车信号和监控信息传输通道，实现地面设备和车载设备间的信息传输，能够存储进入和退出调车模式相关信息。

6）机车同步控制传输

部分高速铁路坡道较大，使用双机或多机牵引普速客车，利用 GSM-R 网络为机车同步控制传输提供可靠的数据传输通道，实现机车间起步、提速、制动、过分相等同步操作控制。

7）列车控制信息传送

利用 GSM-R 网络，在列车与地面之间双向传输信息，替代传统的用轨道电路传输色灯信号指令，满足列车控制响应时间要求。

8）区间移动通信

在区间作业的铁路工作人员，利用 GSM-R 作业手持台实现内部通信，还可与车站值班员或应急值守员、各部门调度人员或负责人通信。紧急情况下，还可以直接联系司机。

9）应急指挥业务

应急指挥业务是通过 GSM-R 网络在现场和指挥中心间建立语音、数据、多媒体等通信通道。应急指挥业务具有极高的优先级。

10）旅客列车服务系统

GSM-R 为旅客列车服务系统提供车票状态查询、车票预订与补票、席位查询、时刻表信息等数据传输通道。

课程实践

实践内容	高速铁路信号与通信
实践目标	认识高速铁路常见信号设备的原理和基本结构
实践形式	1. 现场参观与讨论 2. 个人或分组汇报
具体内容	1. 现场参观 （1）上课前进行安全教育。 （2）观看或亲手体验手信号。 （3）观看路签闭塞办理流程。 （4）观看或亲手操作半自动闭塞实训系统，了解办理流程。 （5）观看自动闭塞实训系统，了解自动闭塞原理。 （6）观看或亲手操作计算机联锁实训系统及微机监测系统，体验计算机联锁的优势。 （7）观看或亲手操作高铁 CTC 实训系统，包括列车运行图编排、信息查询、分散自律模式与非常站控模式切换、临时限速下达与取消、区间封锁与取消、排列进路、道岔控制、列车编组等。 2. 讨论 结合自己的体验，谈谈现有高速铁路和信号与通信系统有没有进一步提升的空间。
安全警示	教学过程中禁止触摸设备带电部位，禁止拆卸设备，谨防触电。

学习评价

评价主体	评价对象	评价结果与亮点
自我评价	1. 知识评价：对所学内容是否了解 2. 技能评价：课程实践是否顺利完成，是否养成了相应的安全习惯 3. 情感态度价值观评价：个人是否初步具备本模块内容所需要的职业素养	
其他学习者评价	1. 知识评价：对所学内容是否了解 2. 技能评价：课程实践是否顺利完成，实践过程中是否有存在安全隐患的行为 3. 情感态度价值观评价：是否初步具备本模块内容所需要的职业素养	
教师评价	1. 知识评价：对所学内容是否了解 2. 技能评价：课程实践是否顺利完成，实践过程中是否有存在安全隐患的行为 3. 情感态度价值观评价：是否初步具备本模块内容所需要的职业素养	
企业导师评价	1. 知识评价：对所学内容是否了解 2. 技能评价：课程实践是否顺利完成，实践过程中是否有存在安全隐患的行为 3. 情感态度价值观评价：是否初步具备本模块内容所需要的职业素养	

思 考 题

（1）讨论LED运用在铁路信号机，尤其是高速铁路信号机中的优缺点。

（2）在乘车时，调查不同高速铁路转辙机的使用型号，查阅资料，比较这些转辙机的性能与实际运用差异。

（3）应用思维导图，演示区间信号的演变过程。

（4）应用思维导图，演示车站信号的演变过程。

模块 7　高速铁路运输组织

教学导航

学习目标	1. 必备的知识、技能 （1）学习者能够了解铁路运输组织的原则和新动向； （2）学习者能够了解列车车次对应的含义； （3）学习者能够识读运行图，了解运行图的编制原则和过程； （4）学习者能够识读列车编组顺序表。 2. 良好的职业素养 学习者能够具备"人民铁路为人民"的服务意识。
计划学时	2~4 学时
学习要求	按照学习目标，通过课前思考与讨论、理论学习、实践学习、课后回顾与拓展，完成相应的学习内容。

课前思考与讨论

高速铁路如何做到既能服务于民，又能获取一定的经济效益。

高速铁路的运输，以高速度、高密度为特点，运行方式与普速铁路有一定区别。此外，随着高速铁路硬件设施的不断完善，旅客对客运服务的要求也不断提高。通过采用旅客服务系统，实现对旅客自动化、人性化的服务。为了使旅客方便、快速购票乘车，随到随走，铁路部门对高速铁路乘车规章制度也进行了优化。

任务 7.1　认知高速铁路车次编排规则

根据《列车车次编排规定》（铁总运〔2014〕308 号），列车按以下规定编排车次。
G（高速动车组列车）：
于 2009 年 12 月 26 日武广高速铁路开通运营起开始使用，列车最高运行速度为 300 km/h。车次总范围为 G1~G9998，其中 G1~G4000 为直通图定，G4001~G4998 为直通临客预留，G5001~G9000 为管内图定，G9001~G9998 为管内临客预留。"G"读"高"。
注意：凡是由香港西九龙站始发终到的列车，无论其使用何种级别的动车组，一律使用 G 字头车次。

C（城际动车组列车）：

于 2008 年 8 月 1 日京津城际铁路开通运营起开始使用，代表运行距离较短、以管内列车为主的城际动车组，最高运行速度从 160 km/h 至 300 km/h 不等，票价也根据投资方和市场情况自主定价。车次总范围为 C1～C9998，其中 C9001～C9998 为临客预留。"C"读"城"。

D（动车组列车）：

于 2007 年 4 月 18 日中国铁路第六次大提速起开始使用的列车车次，均使用高速动车组运行方案，最高速度为 250 km/h。车次总范围为 D1～D9998，其中 D1～D4000 为直通图定，D4001～D4998 为直通临客预留，D5001～D9000 为管内图定，D9001～D9998 为管内临客预留。"D"读"动"。

值得注意的是，使用 350 km/h 的车体，既运行在 300 km/h 的线路，也运行在 250 km/h 级别及以下线路的动车组，仍使用 G 车次；但是运行在 250 km/h 级别及以下线路时，速度按照线路限速运行，按照 D 车次标准计费。

S（市郊列车）：

于 2011 年北京市郊铁路 S2 线开始使用，表示市郊列车，使用 CRH6 型或内燃动车组甚至普速客车运行。

与此同时，部分高速铁路还运行普速客车，普速客车车次编排规定如下。

Z（直达特快列车）：

直达特快列车曾经是 2004 年 4 月 18 日中国铁路第五次大提速后新开行的夕发朝至跨局空调列车，以"点到点"模式运行，大部分直达特快车次全程一站直达，也有部分会停靠起点站和（或）终点站所在铁路局管内的大站，以及中途必须技术停车的车站，最高速度 160 km/h。

自 2014 年 12 月 10 日起，只要求最高速度为 160 km/h 时使用 25T 型客车担当旅客列车，无论是否中途停站、停站数量多少，一律使用直达特快车次。车次总范围为 Z1～Z9998，其中 Z1～Z4000 为直通图定，Z4001～Z4998 为直通临客预留，Z5001～Z9000 为管内图定，Z9001～Z9998 为管内临客预留。"Z"读"直"，速度标尺为 160 km/h。

T（特快列车）：

车次总范围为 T1～T9998，其中 T1～T3000 为直通图定，T3001～T3998 为直通临客预留，T4001～T4998 为管内临客预留，T5001～T9998 为管内图定。"T"读"特"，速度标尺为 140 km/h。

K（快速列车）：

车次总范围为 K1～K9998，其中 K1～K4000 为直通图定，K4001～K4998 为直通临客预留，K5001～K6998 为管内临客预留，K7001～K9998 为管内图定。"K"读"快"，速度标尺为 120 km/h。

普通旅客快车：

车次前无字母，最高速度为 120 km/h。车次总范围为 1001～5998，其中 1001～3000 为直通图定，3001～3998 为直通临客预留，4001～5998 为管内图定。

此外，高速铁路还有如下车次。

单机列车，车次范围为 50001～52998。

试运转列车，车次范围为 55001～55998，其中普通客货列车为 55001～55300，300 km/h 以上动车组为 55301～55500，250 km/h 动车组为 55501～55998。

轻油动车、轨道车，车次范围为 56001～56998。

路用列车，车次范围为57001～57998，为专门运送铁路自用物资、设备、人员的列车。

救援列车，车次范围为58101～58998。

动车组检测、确认列车，车次范围为DJ1～DJ8998。动车组检测列车中，300 km/h检测列车车次范围，直通为DJ1～DJ400，管内为DJ401～DJ1998；250 km/h检测列车车次范围，直通为DJ1001～DJ1400，管内为DJ1401～DJ1998。动车组确认列车车次范围，直通为DJ5001～6998，管内为DJ7001～DJ8998。"DJ"读"动检"。

回送出入厂客车车底，车次范围为001～00298。

回送图定空车车底，原车次前加0。

因故折返旅客列车，车次前加F，读法为"返×次"。

任务7.2 认知高速铁路运行图

高速铁路的运行图与普速铁路的运行图有很大的不同，具体体现在以下方面。

1）天窗点的设置

普速双线铁路大多采用V形天窗。因为普速铁路列车运行速度慢，最高仅160 km/h，进行天窗点作业时，邻线行车线路可以采取降速的手段，或者作业人员提前下道确保作业安全。而高速铁路列车最高运行速度达到300 km/h，如果采用V形天窗，势必对行车和作业产生极大的干扰。所以高速铁路一般采用垂直天窗，即上、下行同时停止营业，以便开展施工作业。

2）天窗时间的设置

现在很多普速铁路天窗点设置在白天，不仅便于施工作业，也便于夕发朝至旅客列车和货物列车开行。但是高速铁路的客流集中在白天和上半夜，所以高速铁路的天窗点，大多位于0:30—4:30。

不过随着夕发朝至卧铺动车组的开行，高速铁路的天窗点也进行了相应的调整。例如实行分段天窗，甚至实行V形天窗、动车降速运行等。

3）天窗之后的确认列车

普速铁路一般使用轨道车或者货车作为确认列车，而高速铁路则采用动车组或者普速客车作为确认列车。

4）分号运行图

高速铁路的客流存在明显的峰谷差。例如城际铁路，工作日主要是商务客流；周末除了有商务客流外，更多的是探亲休闲旅游客流；到了节假日，客流则更加汹涌。所以高速铁路往往根据客流制订分号运行图。一般来说，有平时图、周末图、高峰图，甚至是"一日一图"等。

此外，对于哈大、盘营等东北高寒地区按照350 km/h设计的高速铁路，在运营初期（2012—2015年）采用了季节运行图。夏季按照300 km/h运行，而冬季则降速为200 km/h。经过三年的运营，铁路部门探索研究出一整套克服季节性冻土影响、控制高铁冬季冻胀的办法，积累了有效应对恶劣天气的安全运营经验，保障了高铁冬季运营安全，为优化运行方案创造了条件。铁路部门经研究论证，2016年1月10日0时起，哈大、盘营等高速铁路实行冬夏一张图的方案，不再采用季节分号运行图，部分区段预留慢行附加时分。如遇冰雪、低温（低于-30 ℃）或冻胀等情况时，由设备部门提出临时降速条件，严格执行《中国铁路总公司关于印发〈哈大、盘营高速铁路低温冻胀及冰雪等特殊情况下的行车组织办法〉的通知》（铁总运〔2013〕152号）等文件相关规定，做好临时运输调整，确保行车安全。

> **延伸阅读**
>
> **列车运行图**
>
> 列车运行图是以图解的形式揭示列车运行方案，类似物理学中的距离-时间图像。列车运行图以横坐标表示时刻，以纵坐标标注沿途车站，图上的斜线就是各次列车的运行线，与车站中心线的交点就是该列车在该车站到发或通过的时刻。
>
> **天窗点**
>
> 天窗点指的是铁路运行图中规定的一定时间范围内的停止列车运行、以供设备检修和施工作业的时间，由于这段时间在运行图上为空白，所以形象地称之为"天窗"。V形天窗指列车运行图预留的、对运营线单线单方向行车设备进行维修作业的时间。垂直天窗指需同时影响上、下行正线行车设备正常使用而安排的作业时间。
>
> **"一日一图"**
>
> 因高速铁路客流变化较大，加之众多外部因素影响，自2020年起，中国部分高速铁路实现"一日一图"。所谓"一日一图"，是根据不同的时间段客流需求的大小，每天实施不同的运行图，适时增减列车开行数量。客流较大、能力相对紧张的方向，根据售票情况及时增开列车，避免旅客滞留；客流较小的列车，及时停运，避免运能浪费。

任务7.3　认知高速铁路旅客服务系统

传统的客运组织，从售票、检票、旅客乘降到出站验票等流程，均采取纯人工的方式。这样的方式已经不能适应高速铁路高密度、大客流的客运要求，因此高速铁路采用旅客服务系统组织客运。

现在，还有一些客流较小、办理客运业务车次较少的普速车站采用最原始的人工组织客运模式（见图7-1～图7-3）。

图7-1　林东铁路卫星站无任何旅客服务系统
（列车信息显示、售检票作业全部采用人工方式）

图 7-2　中华门站采用水牌架的形式公告列车候车区
（当列车运行图调整时就拿贴纸覆盖）

图 7-3　中华门站列车到发信息
由客运值班员人工喊话

目前国内铁路旅客服务系统主要包括分立系统、部分集成及综合管理平台三种模式。

（1）分立系统模式，即到发通告、引导显示、客运广播、旅客问询、时钟等均为各自独立运行的系统，互不关联。该模式诞生于 20 世纪 90 年代。现在，一些低等级普速客运站仍然在使用。例如，胶济铁路蓝村站加装电子显示屏，但是无广播系统；滨洲铁路牙克石站仅有检票口显示屏，该显示屏由检票员人工就地按按钮翻动车次信息（见图 7-4、图 7-5）。

图 7-4　胶济铁路蓝村站

图 7-5　滨洲铁路牙克石站检票口显示屏

（2）部分集成模式，指旅客服务系统一部分系统集成，另一部分独立构建的模式。该模式以列车到发通告显示主机作为网络服务器，为其他旅客通告显示子系统等主机及各显示终端发送有关行车信息。安全监控、时钟系统则独立构建。这种模式起源于 20 世纪 90 年代末期，以南京富成、天津北海、天津先唯等系统为代表，在全国大中型客运站推广使用（见图 7-6）。

（3）综合管理平台模式，即到发通告、引导显示、客运广播、电视监视、旅客问询等系统在统一网络平台上构建，设置集中的数据库及应用服务器，建立统一的综合管理平台，实现信息共享、系统联动。这种模式最先运用于京津城际铁路沿途各站。目前，几乎所有的高速铁路客运站和一些 2010 年之后新建的普速铁路客运站都采用这种模式（见图 7-7）。

高速铁路旅客服务系统的设置体现"以人为本"的理念，在旅客出行前、进站、候车、乘车、换乘、出站等各环节上提供全方位的信息服务。旅客服务系统总体采用两级架构，分别部署在铁路局和车站（见图 7-8）。

图 7-6　镇江站北广场旧站房采用
南京富成车站广播系统
（实现显示屏与广播联动）

图 7-7　宿淮铁路（普速，设计速度 120 km/h）
泗县站安装了旅客服务系统

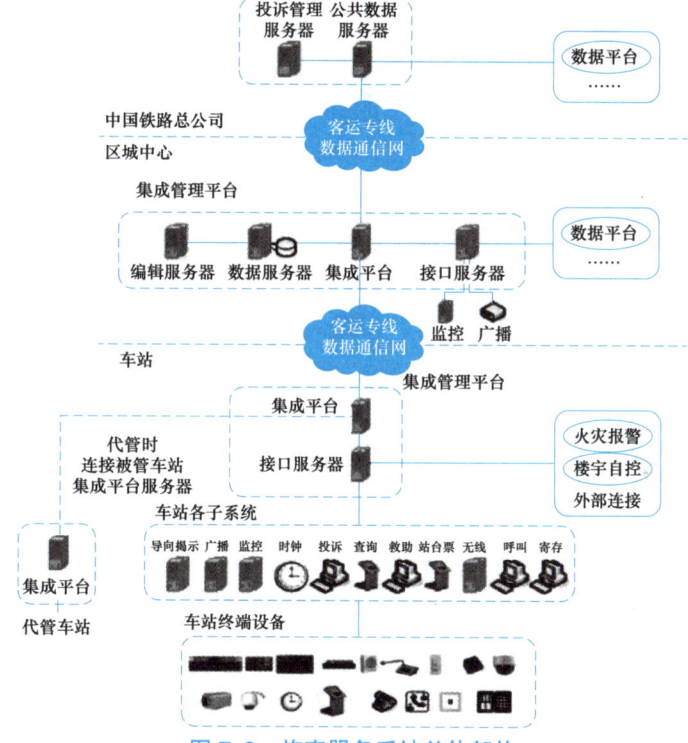

图 7-8　旅客服务系统总体架构

资料来源：蔡云. 关于铁路旅客服务系统优化方案的思考[J]. 铁道运输与经济，2014，36（6）：27-31.

高速铁路旅客服务系统的管理也经历了三种模式的变革。

（1）车站独立管控模式。在系统设计时，将各个车站视为独立对象，分别设置了完整的旅客服务系统集成管理平台，主要由数据库服务器、应用服务器、接口服务器及网络设备等构成，系统值班人员在车站综合监控室内可实现对本站旅客服务系统相关子系统的集中管理。

（2）中心站代管模式。起源于 2010 年沪宁城际铁路，由于沪宁城际铁路小站众多，为减少小站客运工作人员的数量和工作量，旅客服务系统第一次提出并实现了大站（中心站）代管小站模式。在大站设置集成管理平台，在小站仅设置应急服务器及接口服务器；在大站的综合监控室，可实现对本站及代管小站旅客服务系统的集中管控；在小站客运值班室设置简化业务操作终端，实现应急模式下对本站旅客服务系统的管控。

（3）路局集中管控模式。2011年铁道部正式下发铁运〔2011〕72号文件，针对广深港、哈大、京石武、汉宜、杭甬、宁杭、津秦、武咸等在建高速铁路（客运专线）的旅客服务系统，提出采用铁路局客运集中管理的模式（见图7-9）。这种模式各站信息实时同步，统一采

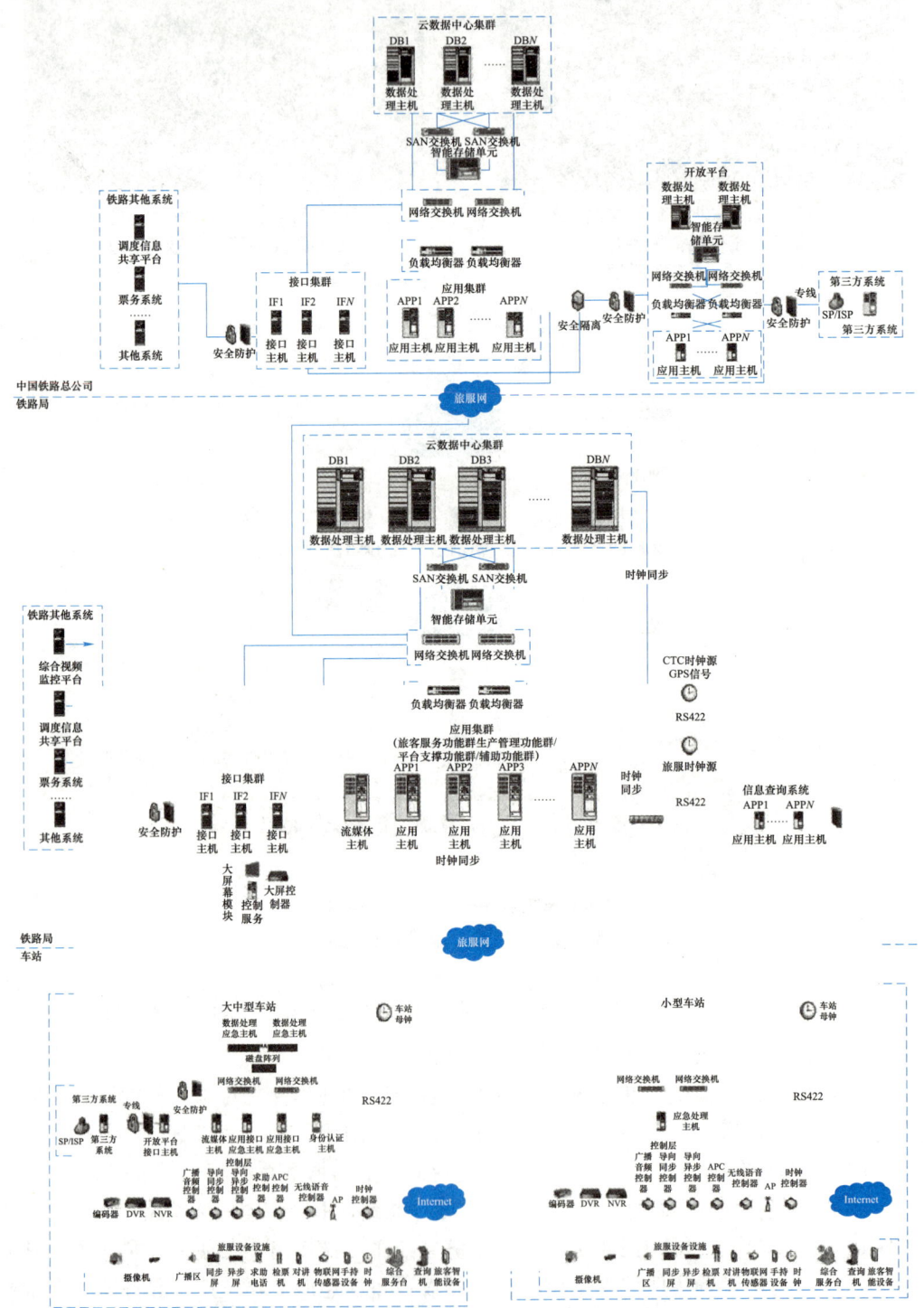

图7-9　路局集中管控模式下的旅客服务系统总体架构

资料来源：蔡云. 关于铁路旅客服务系统优化方案的思考[J]. 铁道运输与经济，2014，36（6）：27-31.

集、管理和下发相关行调、票务、检票等信息。系统设备在铁路局集中部署，对系统设备可实现集约化的维护管理，从而优化系统资源，提高系统设备的使用效率。此外，集中管控模式下旅客服务系统的应急模式更加完善，系统运行更加安全、可靠（见图7-10）。

路局集中管控模式采用中国铁路总公司、铁路局和车站三级平台结构组成的系统优化方案。中国铁路总公司设置云计算数据集群，负责统一全国所有车站的业务数据字典，并通过铁路局间的数据同步功能保证全国各个车站的数据统一，为全国各铁路局提供数据交换服务，为铁路局间旅客服务业务的整合提供支持；设置接口服务集群，通过与票务系统、调度信息共享平台接口实现信息交换；设置开放平台，通过外部专线为旅客服务外部系统提供客运、运行、查询等相关信息，集成路外旅客服务资源。

铁路局设置云计算数据集群，负责旅客服务系统核心业务数据的存储，为旅客服务系统的核心业务提供数据支持；设置旅客服务功能群、生成管理功能群、平台支撑功能群等业务集群；设置时钟同步服务器，通过网络对部署在铁路局和车站内的服务器、操作终端、旅客服务终端进行时钟同步。

车站由应急旅客服务系统、旅客服务系统设备控制器、设备终端和外部系统控制器组成。车站旅客服务系统通过设置在车站控制层的控制器，实现对部署在车站广播、导向揭示、闸机、求助、时钟、无线语音、无线终端、移动智能终端等旅客服务设备与设施进行集中管控（见图7-11～图7-19）。

图 7-10　合福高速铁路旅客服务系统
采用路局集中管控模式
（综控台安放在候车室服务台内）

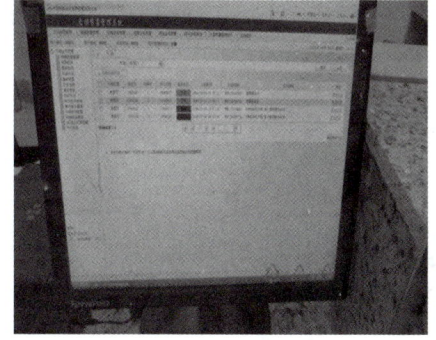

图 7-11　鼎湖山站自动售票管理系统

图 7-12　青荣城际铁路威海北站经纬信息
技术公司 JWTVM-2 型自动售票机
注：左边为全功能售票机，右边仅提供银行卡支付。

图 7-13　南京南站易程科技系列自动售取票设备
注：从左向右依次为 e-TVM-213 型自动售票机、
eNCTVM-202 型非现金自动售票机、ET/eTPM-100R 型取票机。

图 7-14　金丽温铁路全线使用交大士保自动售票机
注：相比易程与经纬信息的售票机只能单张插入纸币，该产品识币器最多可一次性堆叠放入 15 张纸币。

图 7-15　合福客运专线绩溪北站彩色 LED 导向揭示屏与经纬信息 JWAG-2 闸机

图 7-16　沪宁高速铁路仙林站红绿黄三色导向揭示屏与易程科技 eAG-100 闸机

图 7-17　渝贵铁路息烽站站台地面显示屏

图 7-18　杭深铁路漳州站站台导向揭示屏
（提示车次、开点、正晚点、车厢号信息）

图 7-19　具备护照识读模块的 JWTVM-5 型自动售票机

> 课程思政与
> 铁路文化

闸机是如何自动检票的？

曾经，国家铁路的车票是纸质车票，检票均采取人工识别的方式，由检票员人工检查票面信息，对符合条件的车票在票面剪口，这样很容易造成误检漏检。

后来，几乎所有的高速铁路车站及部分普速铁路车站发售的车票，变为蓝色磁介质票，车票背面设有磁道，存储有车票信息。闸机检票时，首先通过检票服务器获取当前车次检票信息。当车票插入闸机时，闸机的车票识读模块阅读磁介质车票背面的信息，并比对检票信息，符合"当日当次车"条件，则车票从闸机上方出票口吐出。但是，此时闸机并未开门，必须待旅客将车票取走后闸机方可开门。若车票不符合检票条件，则从入票口吐出。

需要注意的是，磁介质车票若剪口不当、浸水、折叠、污损会导致磁介质信息无法读取。因此，应妥善保管车票。进站检票人工剪口时，应在车票的左右两侧剪口并保证票面信息完整，不能剪车票的上下两端，否则若出站使用闸机有可能造成闸机无法识别，从而引发纠纷（笔者就遇到过此类纠纷）。

现在，全国所有的高速铁路均采用电子客票，由旅客持购票使用的证件检票。若使用二代身份证，由闸机的读卡器识别二代身份证相关信息并检查电子票是否存在，是否符合"当日当次车"条件，若符合条件，则当旅客将二代身份证移开后，闸机开门。部分车站的闸机实现实名验证和检票二合一，这样就可以防止有人冒充他人身份乘车。部分闸机可以识别护照、港澳居民来往内地通行证等证件。

用于高速铁路检票的每台闸机都有红外线感应设备，易程系列为感应线，经纬系列则为感应点。当人或物通过闸机时，会遮挡感应设备，闸机则认为有人或物通过。如果有人未检票直接通过闸机，闸机不予开门并鸣叫示警。如果一人检票多人过闸机，闸机检测到感应设备遮挡超时，有可能强制关门并鸣叫示警。有鉴于此，需要注意以下两点。

（1）使用闸机时，须确认通道内无人或物遮挡，并且人和物退至闸机机体后方，尤其是出站闸机，否则可能无法使用检票功能。

（2）带儿童通过闸机时，应儿童在前，大人在后，或者大人抱着儿童通过，或者走人工检票通道，否则可能因为闸机误认为有人尾随而强制关门，给儿童带来伤害。某些城市轨道交通已发生过此类事故，需要引以为戒。

任务 7.4　认知高速铁路便捷乘车

高速铁路动车组周转效率高、车次多，部分高速铁路甚至做到了"公交化""地铁化"运营，为了适应此种运营方式，满足旅客随到随走的乘车需求，减少客运作业中间环节，部分高速铁路开通了便捷乘车服务，有以下几种形式。

1. 中铁银通卡

中铁银通卡是中铁银通支付有限公司为方便旅客在中国铁路乘车而推出的加贴银联专用标识的预付卡，主要应用于中国高速铁路实名制刷卡乘车业务。中铁银通卡是磁条芯片双介质复合卡，持卡人预存一定金额后，联机账户支持持卡人在铁路售票窗口、铁路客运车站内自助售票设备和中国铁路客户服务中心网站购票等联机消费功能，电子现金账户支持持卡人在铁路管理部门指定的区段内的指定车次直接刷卡乘车等脱机消费功能。

当旅客进站时，需持中铁银通卡通过铁路车站自动检票机（闸机）刷卡验证后方可进站。注意：使用中铁银通卡进站、刷卡乘车时，可不再出示其他有效身份证件。持中铁银通卡刷卡进站时，卡内余额不得少于所乘列车全程票款，否则不能刷卡进站。中铁银通金卡刷卡乘车限乘坐一等座席位，并按上下车站区间执行票价的一等座票价扣款（仅限京津城际）；中铁银通银卡刷卡乘车限乘坐二等座席位，并按上下车站区间执行票价的二等座票价扣款。下车出站时，需要通过铁路车站自动检票机（闸机）刷卡验证，并扣减所乘区段票款后方可出站。刷卡乘车后，自乘车之日起 31 日内，可在铁路车站指定售票窗口补打车票，逾期不予办理。每次乘车只能打印一次车票，不可重复打印（见图 7-20）。

图 7-20　中铁银通卡刷卡乘车后取票，票面打印"仅供报销使用"

此外，在京津城际和长珲城际使用中铁银通卡时，需要在候车室指定的自动取号机领取席位凭条方可乘车。取号凭条非乘车凭证，须与凭条记载卡号一致的中铁银通卡共同使用方有效。不能出示中铁银通卡，或与凭条记载卡号不一致时，按无票处理（见图 7-21）。

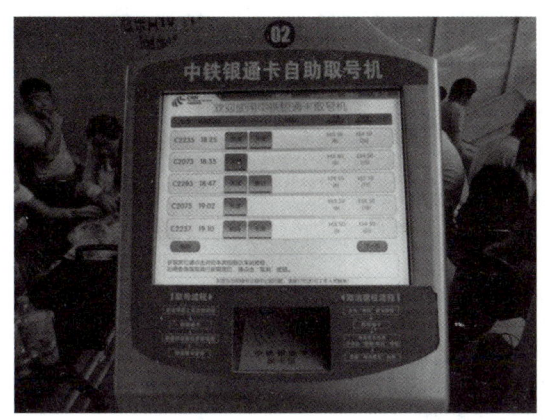

图 7-21　北京南站中铁银通卡自动取号机

旅客进站刷中铁银通卡时，闸机先检测本次列车是否符合刷卡条件，随后识别卡内是否有足够到本次列车终点站的余额，部分铁路车站还要识别是否进行过取号操作。若符合条件，进站闸机将开门并在屏幕显示席位号和余额，出站闸机扣款并在屏幕显示余额。由于需要联网查询相关信息，故使用中铁银通卡通过闸机速度比使用磁介质车票和二代身份证要慢一些。

2. 铁路 e 卡通

铁路 e 卡通是由中铁银通支付有限公司与部分银行合作发行的新一代银通卡的实名制电子卡片产品。合作银行提供 Ⅱ、Ⅲ 类账户，且需要与 Ⅰ 类户绑定，不配发实体卡片。旅客通过线上渠道（主要是 12306App，见图 7-22）完成铁路 e 卡通的申请与开通，开卡完成后将获得账户账号。乘车前，旅客须向铁路 e 卡通账号充值铁路部门规定的最低金额。旅客使用铁路 e 卡通有以下三种乘车方式。

1）直接扫码乘车

在大多数开通铁路 e 卡通服务的高速铁路、城际铁路，旅客可像持中铁银通卡那样，在规定的乘车区间、规定的车次检票时，对准闸机扫乘车码即可进站乘车。铁路 e 卡通会冻结规定的金额，出站时再次扫码，铁路 e 卡通扣除所乘车次的二等座票价。

2）设置乘车区间乘车码

在部分可使用铁路 e 卡通的高速铁路车站，旅客须在乘车前完成乘车区间设置，进站扫码乘车时，系统将按照设置区间安排席位。若下车站超出乘车区间，闸机将不予放行，需联系车站处理。

3）预约取号

在部分可使用铁路 e 卡通的高速铁路车站，旅客须在乘车前预约所乘车次方可乘车。与购票不同，在开车前，预约取号取消席位，不收取费用。一个自然月内取消预约达到 3 次，本月及下一个自然月内不允许预约乘车，仅可通过扫码直接获取席位乘车。如因不可抗力或铁路责任造成预约号订单无法使用的，旅客可在铁路 12306App 或前往铁路指定窗口注销预约记录，取消次数不计入自然月内预约次数。

旅客乘车后，可在规定期限内，在开通铁路 e 卡通服务的高速铁路车站的自动售取票机，使用个人身份证，打印报销凭证。

此外，铁路 e 卡通账户也可作为在线购买车票的支付渠道之一，且经常有优惠活动。

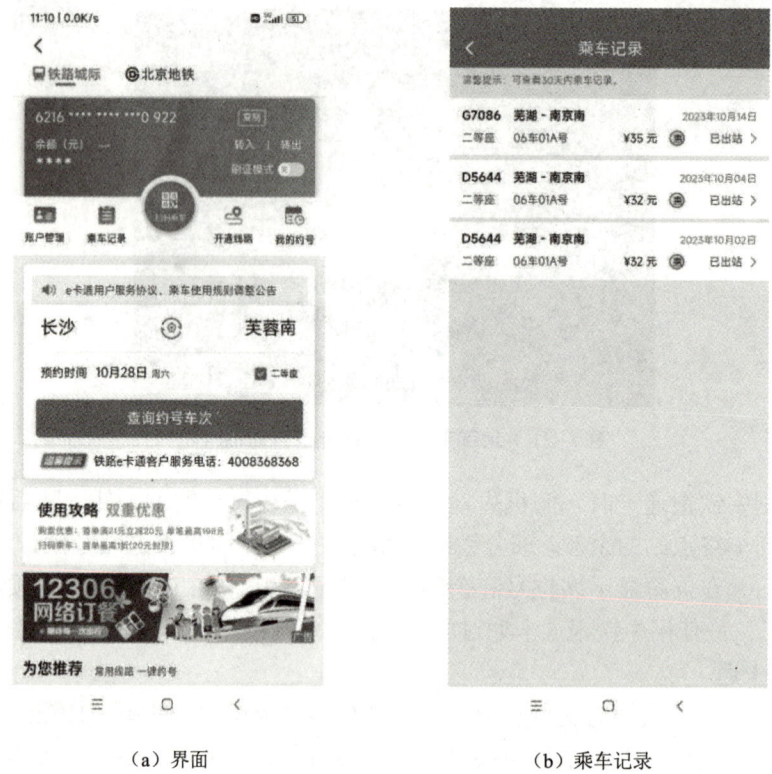

（a）界面　　　　　　　　　　　　（b）乘车记录

图 7-22　铁路 e 卡通使用

3. 计次票、定期票

计次票、定期票是铁路部门在部分高速铁路推出的新型票制产品，持有者可在规定的有效期内，乘坐规定次数的、购买票制产品时指定发到站及席别的列车。计次票是旅客在规定时间内可乘坐规定次数的车票。定期票是旅客在规定时间内可乘车最多规定次数的车票。旅客使用计次票、定期票乘车有以下两种模式。

1）预约乘车

乘车时，旅客可在铁路 12306 网站、铁路 12306App、自动售票机提前预约票制产品所对应发到站及席位。

2）直接刷证乘车

直接刷证乘车时，旅客仅限乘坐停靠购买票制产品指定发到站的列车。凭购买票制产品时的有效身份证原件，于列车检票时在检票闸机或人工检票口获取指定席别席位方可乘车。购买票制产品后直接刷证显示可使用的席位与铁路 12306 官网可售席位一致。

计次票、定期票暂不支持席位候补预约，因此可能存在临时预约不到所需车次的风险，也存在无法直接刷证件检票乘车的风险。自票制产品启用至有效期结束后 180 天内，凭购买票制产品时所使用的乘车人有效身份证原件，可到指定发到站窗口换取报销凭证。只能获取计次票或定期票的一张报销凭证，没有单次出行的报销凭证。

课程实践

实践内容	高速铁路运输组织
实践目标	认识高速铁路运行图、旅客服务系统和便捷乘车服务
实践形式	个人或分组实践
具体内容	1. 认识高速铁路运行图 教师出示一张高速铁路运行图，学习者能够识别： （1）该运行图使用的铁路是单线还是双线； （2）该运行图中每一列车次始发站、终到站时刻； （3）该运行图中每一列车次在何时何站（或区间）会让越行了什么车次； （4）该运行图是否有天窗点，若有，是 V 形天窗还是垂直天窗，从几点开始到几点结束。 2. 认识旅客服务系统 （1）演示或亲自操作车站广播系统或旅客服务系统，包括：基础数据维护、车次添加更改、客运组织模板设置、列车预告、检票、停止检票、送车、专题广播等； （2）演示或亲自在自动售票机购买车票，取网络订票； （3）演示或亲自使用闸机检票，注意使用闸机的相关事项； （4）演示各种优惠票种（学、孩、免、军、残等），通过易程系列和经纬系列闸机，观看比较两家公司的闸机对优惠票的反应。 安全警示：闸机门开启后应迅速通过，避免闸机突然关门导致人员伤害！ 3. 收集资料或者拜访相关专家，了解中国铁路客运票据和货运票据的演变 4. 结合自己的体验，讨论目前中国铁路客运服务还存在哪些值得改进的方面 5. 收集资料或者拜访相关专家，讨论在正常天气、无外界干扰情况下，高速铁路为什么比客货共线铁路更加准时 6. 结合自己的体验，讨论便捷乘车服务有哪些好处，还有哪些需要改进的地方

学习评价

评价主体	评价对象	评价结果与亮点
自我评价	1. 知识评价：对所学内容是否了解 2. 技能评价：课程实践是否顺利完成 3. 情感态度价值观评价：个人是否初步具备本模块内容所需要的职业素养	
其他学习者评价	1. 知识评价：对所学内容是否了解 2. 技能评价：课程实践是否顺利完成 3. 情感态度价值观评价：是否初步具备本模块内容所需要的职业素养	
教师评价	1. 知识评价：对所学内容是否了解 2. 技能评价：课程实践是否顺利完成 3. 情感态度价值观评价：是否初步具备本模块内容所需要的职业素养	
企业导师评价	1. 知识评价：对所学内容是否了解 2. 技能评价：课程实践是否顺利完成 3. 情感态度价值观评价：是否初步具备本模块内容所需要的职业素养	

思 考 题

（1）结合自己的体验，谈谈旅客服务系统的优点与缺点。
（2）结合自己的体验，谈谈旅客服务系统三种控制管理方式的优点与缺点。
（3）结合自己的体验，比较不同厂家自动售取票机、闸机使用的便捷程度。
（4）怎样优化城际铁路运输组织，以提高城际铁路客流？

参 考 文 献

[1] 郭玉华，祝建平，郭学俊. 关于京沪线"一主两翼"新图实施情况的调研[J]. 铁道运输与经济，2007，29（10）：20-25.

[2] 缪铭铭. 大同至西安客运专线最大坡度的选择[J]. 铁道工程学报，2011（2）：56-60.

[3] 卢庆华，徐培全，于治水，等. 钢轨焊接技术及质量控制[J]. 焊接技术，2010，39（1）：66-68.

[4] 易伦雄. 大胜关长江大桥工程特点与关键技术[J]. 钢结构，2007，22（5）：78-80.

[5] 刘琳杰，李华云. 南京大胜关长江大桥6~8号主墩基础设计[J]. 交通科技，2010（2）：1-3.

[6] 李书学，董晓军，何亮. 南京大胜关长江大桥钢梁制作技术：主拱整体节点杆件划线与钻孔工艺[J]. 钢结构，2009，24（5）：77-78.

[7] 肖海珠，刘承虞，易伦雄. 南京大胜关长江大桥铁路钢桥面设计与研究[J]. 桥梁建设，2009（4）：9-12.

[8] 骆双全，于祥君. 南京大胜关长江大桥主桥钢梁南边跨合龙技术[J]. 桥梁建设，2009（3）：9-11.

[9] 宋伟俊，文武松，连泽平，等. 南京大胜关长江大桥主墩深水基础施工技术[J]. 桥梁建设，2008（4）：15-19.

[10] 李鹏. 莞惠城际信号系统特殊继电器设置及处理逻辑探讨[J]. 铁路通信信号工程技术，2016，13（3）：85-87.

[11] 胡威. 福田站适应不同车型屏蔽门滑动门设置探讨[J]. 铁道勘测与设计，2011（4）：9-12.

[12] 韩永强. 七方向发车进路表示器显示及控制电路的设计[J]. 铁道通信信号，2013，49（9）：17-20.

[13] 马文珏. 鹰梅铁路引入瑞金地区方案研究[J]. 铁道勘测与设计，2011（5）：9-13.

[14] 卢春房. 高速铁路建设典型工程案例站场工程[M]. 北京：中国铁道出版社，2015.

[15] 石先明. 过走防护技术在中国客运专线的应用及实现方案研究[J]. 中国铁路，2010（3）：6-8.

[16] 上海铁路局. 上海铁路局高速铁路行车组织细则[M]. 北京：中国铁道出版社，2014.

[17] 白学丰. 旅客服务信息系统路局集中管控研究[J]. 中国铁路，2013（3）：62-65.

[18] 国家铁路局. 高速铁路设计规范：TB 10621—2014[S]. 北京：中国铁道出版社，2014.